I0820935

Hablar y ganar

Hablar y ganar

Manual para ser un comunica-top

Ana Moreno Marín

VERGARA

Papel certificado por el Forest Stewardship Council®

Primera edición: febrero de 2025

Printed in Spain – Impreso en España

ISBN: 978-84-19820-50-1
Depósito legal: B-21.305-2024

Compuesto en Llibresimes, S. L.

Impreso en Romanyà Valls, S. A.
Capellades (Barcelona)

VE 2 0 5 0 1

A mis abuelas, que me acompañan siempre.

A mis padres, por contagiarme su pasión por la lectura y el estudio.

A todas las personas que han confiado en mí
para mejorar su comunic-acción.

A mis tres hijos, que me han visto escribir sin todavía entender.
Sois mi vida entera.

Al amor de mi vida, Marcos, sin el que estas líneas
nunca habrían sido escritas.

A ti, lector, que le das sentido a estas páginas.

ÍNDICE

Entre dos explicaciones, elige la más clara; entre dos formas, la más sencilla; entre dos expresiones, la más breve.

Eugeni d'Ors

¿Cómo te comunicas?

•

Comunicar es atreverse a exponerte ante los demás. Y ese paso requiere valentía, voluntad y autoestima. Como la que le faltaba a Matías. No teníamos nada en común. Él vivía a 11.000 kilómetros de distancia, en otro país, en otra cultura, y no lo conocía de nada.

El primer cliente es como el primer amor. Nunca se olvida.

En aquel momento, Matías se había hecho una reducción de estómago. Pesaba 145 kilos y estaba en pleno proceso de cambio personal. En el «resurgir» de su nueva vida también buscaba ayuda para transformar su comunicación.

En el trabajo sentía que no era escuchado y que sus mensajes no resonaban. Al igual que había transformado su cuerpo, necesitaba cambiar su manera de comunicarse. Estaba dispuesto a emprender «un camino lleno de aprendizajes y cambios tanto en habilidades como en actitud de vida».

Y de eso quiero hablarte ahora, nada más arrancar este

libro. No hay transformación sin acción, los dos lo sabemos. Pero antes de ese paso hay otro previo: la decisión.

Esa misma que me llevó a crear contenido en las redes sociales y a compartir todo el conocimiento acumulado en más de dieciocho años en programas de actualidad —siempre en directo— en televisión y presentando actos institucionales.

La decisión de dar el salto. La que me ha cambiado la vida y ha propiciado que hoy estés ante estas líneas.

No busques fuera lo que está dentro. La verdadera comunicación, la auténtica, la que cautiva, la que no se puede copiar, la que tienes a tu alcance y supone tu superpoder de diferenciación está en tu interior.

Ya te voy avisando, para este viaje hace falta cinturón.

Es una montaña rusa de emociones en la que espero te enfrentes a tus miedos y bloqueos, y descubras al gran comunicador que hay en ti.

El tíquet ya lo tienes en tus manos: ¿listo para el viaje?[1]

1. En el libro se utiliza el masculino genérico en la escritura, pero lo que encontrarás en él sirve tanto para hombres como para mujeres.

Confianza: el valor determinante

«Ana, te juro que no puedo hablar en público. Siento que me bloqueo, que me voy a equivocar. No encuentro las palabras y, además, es que me muero de vergüenza de ponerme delante de los demás. Es que soy incapaz».

Recuerdo perfectamente la cara de Sol mientras juraba y perjuraba que su bloqueo le impedía comunicar. Tenía tan integrada esa creencia que durante toda su vida había evitado exponerse en público. Hasta el punto de, incluso, renunciar siendo niña a actividades que le encantaban porque en algún momento les hacían hablar.

¿Sabes esa niña que se esconde en las faldas de su mamá? En sus recuerdos ella nunca se exponía ante los demás. Esa vergüenza y timidez le habían construido su personalidad. O más bien, le habían condicionado. Porque la realidad es que Sol, una mujer adulta, empresaria y con un negocio de venta directa al público, hablaba con personas distintas cada día.

Y aun así ella sentía un freno total al hablar en público o a cámara.

¿Es un problema de oratoria o de confianza?

Lo tuve claro en cuanto vi el primer vídeo que se grabó para mis mentorías. Sol era una gran comunicadora, una mujer llena de pasión, energía e ilusión que se había creído su propia película.

Quizá te sientas identificada con su historia. Muchas veces el mayor problema que tenemos no es de comunicación, sino de mentalidad.

¡Cuántas personas me escriben diciendo que quieren comunicar con seguridad y confianza! Es el gran deseo de cualquier persona que se exponga ante el público, ¿verdad?

El problema de la confianza es que no funciona como un tip de Lenguaje No Verbal. No puedo decirte: mira, subes al escenario con la espalda erguida, te paras y miras directamente al público. ¡Ojalá fuese tan rápido y fácil!

Tampoco funciona como un chip que te insertas en la cabeza y al momento ¡ya comunicas con toda la seguridad y confianza! Como si de Michelle o Barack Obama se tratase.

La confianza proviene de un estado interior más profundo que conecta con todas tus vivencias, emociones, pensamientos, y creencias. Todo lo que has vivido, lo que te ha marcado de forma consciente e inconsciente, determina tu comunicación hoy. Por eso, sé que no funcionará un consejo rápido. De hecho, nada funcionará si antes no trabajamos tu mentalidad.

¡Así que vamos allá!

EJERCICIO 1: SUBIENDO AL ESCENARIO

Respira tres veces inspirando y soltando el aire por la nariz. Imagínate ante un gran auditorio. Escuchas el sonido de tus pasos y el silencio expectante de cientos de personas mirándote. Caminas y te sitúas en el centro del escenario:

¿Cuál es tu primer pensamiento?

a) ¡Quiero salir huyendo!
b) Me muero de vergüenza.
c) Me va a salir fatal, ¿quién me manda hacerle caso a esta mujer?
d) No me gusta, Ana, pero lo hago...
e) Tengo ganas, aunque no sé cómo hacerlo interesante...
f) ¡Qué ilusión! Me encanta esta oportunidad.

Si tus respuestas figuran entre la a), la b) y la c), seguramente necesites un chequeo interior. Te va a venir muy bien el termómetro de la autoestima que veremos unas páginas más adelante.

Déjame adivinar: Imagino que sufres de taquicardia previa, boca seca, manos sudorosas, amnesia transitoria también conocida como: «Pero ¿qué era lo que tenía que decir?», brazos robot, mirada perdida, mano-boli o el baile de: «¡Pies para qué os quiero, llevadme lejos!».

Si tus respuestas se sitúan entre la d) y la e) es muy posible que ya hayas pasado por el «mal trago» de exponerte ante los demás alguna vez. Sabrás que no te mueres sobre el escenario, aunque sea uno de los mayores miedos junto a fenecer precisamente. Que el público no te tira tomates, ni te abuchea como si estuvieras en un corral de comedias. Pero también sabes que esos nervios te juegan malas pasadas, a veces te enrollas sin remedio, sufres de *finalitis* aguda o «Bueno, esto es lo que tenía que decir y ya está. Gracias». ¡Horror y desolación, pero ¿qué manera es esa de cerrar?! De esto hablaremos en el capítulo del regusto final.

Vamos, que sabes que puedes hablar en público, pero no cómo lograrlo para conseguir un resultado mejor que las caras de aburrimiento o de luz azul de la pantalla de móvil que tu público te regala mientras hablas.

Si tu respuesta se parece a la f) ¡enhorabuena! Tú sí que sabes ver el vaso medio lleno. Eres de esas personas que si sale un nuevo plan con gente desconocida se apunta, de las que no tiene problema en expresar su opinión, ni en explicar algo a un público numeroso.

Me pregunto cómo ha llegado este libro a tus manos. Seguramente ya te has expuesto muchas veces ante los demás. No tiene por qué ser sobre el escenario o ante un gran auditorio. Hablar en público también son las reuniones de trabajo, los momentos de networkings, las presentaciones de producto o formaciones, o tal vez una conversación informal en torno a una máquina de café.

¡No me digas! Eres de esas personas que siempre empieza la conversación en el ascensor.

O quizá no... Lo que está claro es que no ves como un problema o dificultad hablar ante otras personas e, incluso, expresar tu opinión.

¿Y si mi caso no está en la a), b), c), d), e) o f)? ¿Cómo soy? ¡Fíjate que hoy justo me he dejado la bola de cristal! No lo puedo adivinar... (Riámonos, por favor, es la salsa de la vida).

Bromas aparte, pueden existir otros muchos casos.

Creo que la mayoría de las situaciones están recogidas en este breve ejercicio, pero si no te sientes identificado, la clave estaría en volver a cerrar los ojos, concentrarte en las sensaciones de subir al escenario y escuchar tus pensamientos: ¿qué te dicen? Dirías que te empoderan o te restan.

Ahí ya tienes una primera respuesta.

Más allá de lo que dices

> La comunicación es un 20 % lo que sabes y un 80 % cómo te sientes respecto a lo que sabes.
>
> JIM ROHN

Jim Rohn ha sido uno de los mejores oradores del siglo XX en Estados Unidos. Autor best seller, empresario y orador motivacional como pocos. Su obra y mentorizajes han impulsado a grandes oradores como Anthony Robbins —más conocido como Tony Robbins—, Mark R. Hughes o Brian Tracy. Empresarios de éxito que han comprendido el poder que la comunicación les entrega y que hoy viven gracias a su Marca Personal.

Esta frase de Rohn es de las más acertadas que he leído nunca en el campo de la oratoria. Una cita que proviene de la experiencia. Porque cuando has pisado escenarios, te has enfrentado a múltiples y diversos públicos, a diferentes culturas o has tenido que improvisar sabes que es así.

Fíjate en este dato: un 5 %.

La neurociencia avanza cada vez más y hoy sabemos que el cerebro maneja solo un 5 % de información consciente frente al 95 % que es subconsciente. ¿Y esto en qué se traduce? En que la parte consciente procesa 50 bytes de información por segundo frente a los —atención— 11.000.000 de bytes por segundo del inconsciente. Es decir, que procesa la información 275.000 veces más rápido que el consciente. ¿¡No te parece sorprendente!?

Es precisamente en este terreno, el inconsciente, en el que se apoya la Comunicación No Verbal. De hecho, hacen falta solo 0,4 segundos para captar información **básica** de la otra persona. Un pestañeo y ya nos hemos creado toda una composición de la otra persona: raza, edad, condición social, posible peligrosidad... Esta es precisamente una de las habilidades que nos ha ayudado a sobrevivir como especie. Si hay que salir huyendo, mejor saberlo cuanto antes.

Por eso, cuando no sentimos la suficiente seguridad, da igual lo que digan nuestras palabras, que nuestro cuerpo expresará todo lo contrario. Y al igual que nuestro cerebro es perezoso y siempre busca el modo de gastar la menor energía, tampoco le gusta mentir. Y como las mentiras no van con él, revelará tus cartas a través de tu Lenguaje Corporal.

Por eso me gusta la frase de Jim Rohn, porque explica de forma muy directa el problema más habitual y real que le sucede a la gran mayoría de las personas al hablar en público: la falta de confianza.

¿Y cuál es la solución? Ciertamente para dar con ella es necesario conocer primero la causa que motiva esa falta de confianza.

Este primer paso es fundamental: saber identificar lo que nos ocurre y poder expresarlo con palabras... ¡Qué importante es poner palabras a nuestras emociones! Decirlo en voz alta ya te encamina hacia la solución.

Quizá te da miedo perderte y no saber reconducir la ponencia, o te impresiona que todo el mundo esté mirándote o puede que hayas tenido malas experiencias en el pasado que hayan minado tu confianza.

En mis formaciones el miedo más habitual es el de quedarse en blanco, seguido del de pensar que hay alguien con más conocimiento entre el público que puede hacerte quedar mal.

Pero también recuerdo un alto ejecutivo cuyo miedo era la cantidad de gente en sí, es decir, el hecho de hablar delante de muchas personas. Así como en las reuniones al más alto nivel y con multinacionales que figuran incluso entre las más poderosas del mundo no le suponía un mal trago. Sin embargo, pensar que tenía que hablar delante de un auditorio o de los medios de comunicación ya se le hacía un nudo en la garganta.

Pero no solo él. Recuerdo que no uno, ni dos, ni tres... Prácticamente todos los participantes de una formación en oratoria me dijeron una vez lo siguiente: «No, yo no tengo ningún problema hablando con los clientes, me desenvuelvo muy bien en el cara a cara. Es más, les ayudo, aconsejo, se crea una relación muy personal. Pero ¿hablar en público? Nada, nada, me bloqueo. No sé por dónde empezar».

¿Sabes a qué se dedicaban? Eran farmacéuticos. ¡Qué curioso! Estaban capacitados para hablar y generar comunicaciones emocionales profundas trabajando la escucha y empatía con el paciente, pero su cerebro quedaba bloqueado si tenían que comunicar delante de más personas.

Totalmente irracional, ¿verdad? Así es nuestro subconsciente. Un mundo dominado por nuestras emociones, sensaciones e impulsos. Y por las creencias que tenemos sobre nosotros mismos. Sí, hemos llegado a un mundo donde lo que crees sobre ti tiene más influencia que lo que realmente eres.

Por eso, aunque estos farmacéuticos tenían toda la capacidad y los recursos para comunicar de forma eficiente en público tanto como en las conversaciones en el cara a cara se bloqueaban cuando les pedía que se pusieran en el centro de la sala y hablasen delante de los compañeros. No es que no pudieran, es que creían que NO podían hacerlo bien.

Por eso el *mindset* o la mentalidad es tan importante al hablar en público. Te animo a que durante estas páginas te atrevas a romper la caja de las creencias que condicionan todos tus pensamientos y que el subconsciente amplifica, para demostrarte que eres mucho más que eso y que puedes mucho más.

De hecho, no es que puedas es que **¡has sido creado para comunicar!**

Viene de fábrica, está en nuestro ADN. Sin esta habilidad dejaríamos de ser lo que somos: seres emocionales en relación que razonamos. Eso es lo que nos diferencia del resto de los seres vivos.

Me preguntan muchas veces si cualquier persona puede ser una gran comunicadora. Y la respuesta es un rotundo SÍ. Ahora bien, la comunicación se trabaja, porque hablar, hablamos todos los días y ¡hasta en sueños!

Pero comunicar es otra cuestión...

Al acabar estas páginas espero que hayas desmontado esas creencias que te hacen sentir que no eres capaz y que pases a la comunic-acción. ¿Cómo? A través de los ejercicios y vídeos que irás encontrando.

Y con cada uno de ellos, empezando por este primero, espero que construyas sobre la roca, que quiere decir que construyas sobre lo que eres, no sobre lo que crees que eres. Porque solo desde tu autenticidad lograrás una comunicación magnética e irresistible.

Aprovecha estas páginas para conocerte mejor y descubrir todo tu potencial como comunicador. Y cuando te entren los miedos y las dudas, recuerda:

Has nacido para comunicar
y conectar con los demás.

EJERCICIO 2:
DESMONTANDO CREENCIAS

¿Cuál dirías que es tu mayor freno al comunicar?

....

¿Qué es lo que más te aterra de hablar en público?

....

¡Busca los opuestos!
(Por ejemplo: mi mayor miedo es quedarme en blanco. El opuesto sería: domino la materia y tengo muchísima información a la que recurrir).

....

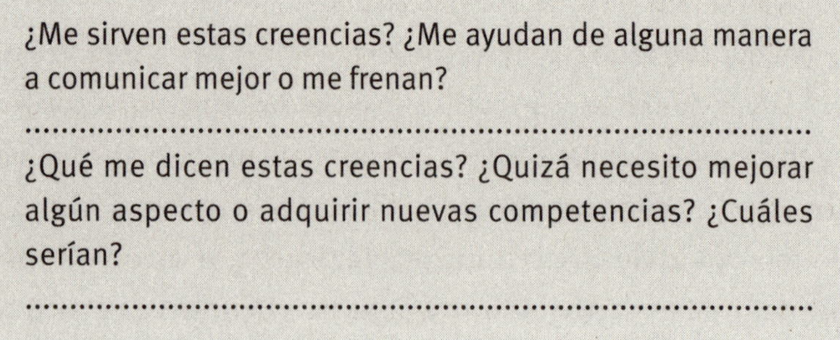

¿Me sirven estas creencias? ¿Me ayudan de alguna manera a comunicar mejor o me frenan?

....

¿Qué me dicen estas creencias? ¿Quizá necesito mejorar algún aspecto o adquirir nuevas competencias? ¿Cuáles serían?

....

Confianza: el factor determinante

Suelto su pequeña manita de tan solo un mes de vida. Una última sonrisa, un beso en su redonda mejilla y camino firme hacia mi destino.

Estaba en el mejor momento profesional y personal de mi vida. Acababa de tener a mi tercera y preciosa hija, y en el canal de televisión en el que trabajaba gozaba de buena reputación y una dilatada trayectoria profesional como reportera y presentadora de programas de debate y actualidad. En ese momento, estaba ante una de las mayores oportunidades de mi vida. O eso creía...

Los nervios asoman, pero los sujeto en corto como si fueran las riendas de un caballo. «Tengo el control», me repito. Se abren las puertas de la entrada y voy directa al plató de Informativos. Allí tiene lugar la prueba de presentadora que me espera.

¡Presentar los informativos! El buque insignia de cualquier cadena televisiva. Una oportunidad que me daría mayor visibilidad y prestigio profesional. Saludo a los compañeros que ya están en la sala, nos dan las indicaciones previas y soy la primera en realizar dicha prueba.

Todo va bien hasta que un problema técnico la detiene.

Rompo la concentración, me confío y me pongo a hablar con aquellos compañeros que hacía tiempo que no veía. Cuando me avisan de que retomamos la prueba, ¡horror! ¡Se me olvida la información! Un «trágame tierra» de los de película. Solo que aquí no había escape, ni trampilla por la que huir.

Te puedes imaginar el resultado final... No, no fui la presentadora elegida.

¿Qué me había pasado? No me lo podía creer. Había realizado ese ejercicio hablando a cámara cientos de veces... Tan malo como la falta de confianza es el exceso de confianza.

He analizado mucho (demasiado, a decir verdad) lo que ocurrió aquel día. Un recuerdo nada positivo, sin duda. Y la conclusión es clara: «Ana, perdiste el foco, la concentración y te confiaste porque lo habías hecho muchas veces».

Y aquí va el aprendizaje que comparto contigo. Nunca se está lo suficientemente preparado. Nunca peques de exceso de confianza, porque entonces estarás acabado.

La confianza se trabaja a base de preparación y práctica, mucha práctica. Y aún más práctica. Y humildad, toda la humildad. Porque aunque lleves lustros sobre el escenario, siempre puedes aprender y perfeccionar la técnica un poco más.

Pero si es malo pasarse de confianza es todavía peor quedarse corto. Para hablar en público con seguridad e impacto necesitas creer en ti, confiar en que saldrá bien, en que podrás hacerte con el público y acabar con esa gran ovación para la que tanto has trabajado.

Los dos lo sabemos. Martin Luther King no llegó aquel 28 de agosto de 1963 delante del monumento a Abraham Lincoln en Washington D. C. e improvisó delante de doscientas cincuenta mil personas su histórico discurso «I have a dream». Tampoco fue su primero, ni segundo, ni tercer discurso.

Ya sé que lo sabes; entonces, déjame preguntarte: ¿por qué te exiges que te salga perfecto a la primera?

Trabajar la confianza también significa estar dispuesto a aceptar el error. ¡Y este es un mal trago! No lo niego.

Perdonarme aquella nefasta prueba de plató me costó meses de incluso no poder conciliar el sueño. La escena volvía continuamente a mi cabeza. Hasta que un día dije: «¡Hasta aquí!».

Espero que tú también digas, aquí y ahora: «¡Hasta aquí!».

Soltemos ese perfeccionismo que nos lastra y que nos lleva al círculo infinito y concéntrico de la culpa, y centrémonos en dar la mejor versión de nosotros mismos.

Y atrevámonos a jugárnoslo todo aunque perdamos. Porque aunque en ese momento no lo veamos, también estaremos ganando: experiencia, mayor humildad y mayor conocimiento de nosotros mismos. <u>Esa sí es la auténtica victoria</u>.

El termómetro de la autoestima

Déjame que te cuente una historia. Mi amigo Fran iba a intervenir ante unas sesenta personas. Su primera vez. Y ante un grupo de personas muy queridas con las que comparte muchos valores. Quería hacerlo muy bien:

¡¡¡¡Ana!!!! Que tengo que dar
una microcharla de 15 minutos
y ¡¡¡¡estoy nervioso perdido!!!!
.

Pero
¡¡si te los vas a meter en el bolsillo!!
Sobre todo, ¡¡no te enrolles!!
Al lío desde el minuto 1.

Durante los siguientes días, me escribía de vez en cuando con mensajes similares:

¡¡¡Estoy de los nervios!!!

¡¡Te va a ir genial, confía!!

Sí, sí, en ello estoy...
El impostor es un pesado de narices,
¡¡¡¡me tiene hartico!!!!

Finalmente y después de días de muchos nervios, llega el momento. Y además, resulta que ¡le toca ser el primero en intervenir! Así, para romper el hielo...

Mi querido amigo optó por una de las mejores estrategias: abrirse al público. Pero hacerlo con gracia y utilizando el factor sorpresa.

Te cuento cómo fue:

Subió al escenario y colocó un taburete a su lado. Pero no para sentarse, sino para dejarle sitio al síndrome del impostor.

«Le he puesto —dijo— un sitio en primera fila para que se siente y me deje tranquilo. Porque aunque estoy de los nervios, quiero contaros algunas cosas importantes...».

Todo el mundo se rio con la decisión, empatizó al segundo porque todos tenemos un síndrome del impostor en la mochila y focalizó su atención en lo que Fran decía y no en la mayor o menor seguridad que proyectaba.

Fran, mi amigo, había logrado su objetivo. Había creado la conexión emocional nada más arrancar y ya no la soltó hasta el final. De hecho, nos sacó hasta lágrimas y muchas risas también.

¡Fíjate, el que estaba «nervioso perdido» y tenía miedo de liarse!

Fran lo hizo con sus nervios y miedos, pero lo hizo. Y pudieron más sus ganas de aportar que sus frenos personales.

La autoestima de Fran no estuvo baja en ningún momento. Una cosa es sentir nervios y otra muy distinta creer y sentirte que no eres capaz.

Cuando tenemos una autoestima baja no logramos conectar con nuestros dones. Nos impedimos a nosotros mismos alcanzar esa conexión.

Puede ser que Fran no se hubiera enfrentado a un público tan numeroso antes, pero durante el tiempo previo preparó su ponencia y su mentalidad para superar al impostor. Él creía que podía y así fue.

El Diccionario de la RAE define la autoestima como «valoración generalmente positiva de sí mismo». Demasiado breve para un concepto psicológico tan profundo.

Otra de las definiciones académicas más comunes es «valoración y percepción que una persona tiene de sí misma y que influye en su autoconcepto, confianza y bienestar emocional».

Me encanta la definición que realiza el doctor en Psiquiatría, Enrique Rojas Montes, quien en su libro, *Vive tu vida*, analiza la autoestima a través de distintas etapas de la vida.

Define la autoestima como un juicio positivo sobre uno mismo, donde la personalidad se construye basándose en los cuatro elementos básicos del ser humano: físicos, psicológicos, sociales y culturales. Y estos forman un entramado coherente.

«Coherencia» es una palabra fundamental en comunicación. Para que haya coherencia en el mensaje, es necesario que haya coherencia interior. O al menos, eso sería lo deseable.

Cuando hay coherencia interior, la persona se encuentra contenta consigo misma y se siente segura de sí misma y ante los demás.

Este es un punto central. Siempre entreno a mis alumnos para que sean capaces de hablar ante una, dos, cien o mil personas. Ante gente de confianza donde se sientan cómodos o ante las más altas autoridades.

Una persona se siente alineada consigo misma cuando acepta sus limitaciones, pero también reconoce sus aptitudes.

Cuando se mira al espejo y ama la imagen que se refleja, aceptándose con sus rasgos físicos más o menos bellos y armónicos, pero suyos al fin y al cabo.

Cuando no se siente en inferioridad respecto a los demás, sino que se respeta a sí misma y a los demás.

Y cuando reconoce su trayectoria vital y se trabaja con mentalidad de crecimiento. Da igual si está ante un millón de personas, ante el presidente de Estados Unidos o en una asamblea general de la ONU.

Esa persona se quiere, se valora y se impulsa. Y así es capaz de enfrentarse al gran desafío de la oratoria.

Esa es la autoestima que quiero para ti. Una autoestima sana que reforzará tu confianza, esa «esperanza firme que se tiene de alguien o algo», según dice la RAE. En este caso, esperanza en ti. ¡Qué bonitas palabras para ponerse manos a la obra!

Y ahora te pregunto: ¿te quieres tal cual eres?

EJERCICIO 3: TERMÓMETRO DE LA AUTOESTIMA

Este es uno de mis ejercicios favoritos. Seguro que cuando tú o tus hijos os encontráis mal, lo primero que haces es tomar el termómetro y comprobar la temperatura. Lo mismo vamos a realizar ahora para ver qué tal anda tu nivel de autoestima.

TERMÓMETRO DE LA AUTOESTIMA

Es la percepción interna y subjetiva que tienes sobre ti, construida basándose en tus experiencias pasadas, emociones, pensamientos y percepciones.

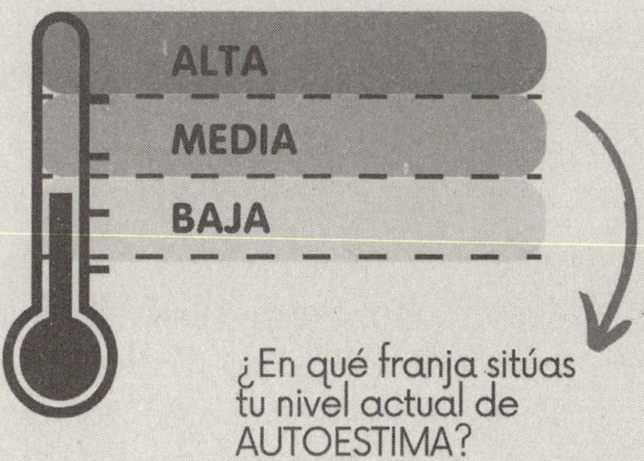

Ahora, contesta a las siguientes preguntas:

MI AUTOESTIMA

Autoimagen: ¿Cómo me percibo y me valoro? Enfoque subjetivo, visión «desde dentro» de ti y en asociado.

....

Autoconcepto: ¿Cómo me defino? Visión objetiva, como si te vieras «desde fuera», en disociado.

....

Autocompasión: ¿Cómo me trato y me hablo, especialmente si no logro los resultados esperados?

....

Autodeterminación: ¿Quiero cambiar algo de mí? ¿Cómo voy a lograrlo?

....

En otras palabras, escribe:

Lo que me gusta de mí es ....

....

Lo que no me gusta de mí es ....

....

Lo que quiero cambiar es ....

....

Cómo lo voy a cambiar es ....

....

La clave es que escribas más cosas que te gustan y valoras de ti, y menos de las que no. Si has detectado algo que realmente te gustaría cambiar, comprométete con acciones concretas a lograrlo.

Ejemplo: No me gusta mi cuerpo. Querría estar en forma. Acción: Entrenar una hora tres días a la semana.

Ejemplo: Quiero tener mejor autoestima. Acción: Mirarte al espejo y decirte tres cosas bonitas cada día.

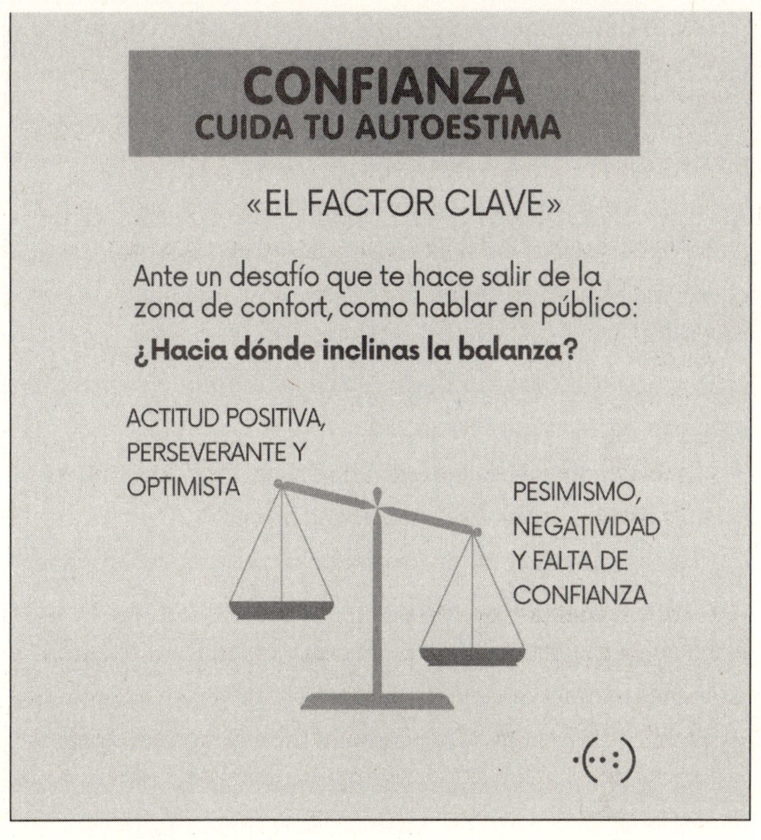

La gorda de la clase

Antes de avanzar más, creo que ha llegado el momento de sincerarme contigo. Puede que pienses que es muy fácil sostener sobre el papel todas estas afirmaciones, pero ¡a ver quién lo cumple!

Estoy de acuerdo contigo. No es fácil. Déjame que te cuente mi propia historia de aceptación. Estoy segura de que te sorprenderá.

Aquí donde me ves con mis 67 centímetros de cintura y talla XS, en mi infancia era la gorda de la clase. Para que te hagas una idea, mi vestido de primera comunión fue especial porque no entraba en las tallas habituales.

No es que tuviera una obesidad mórbida, pero aún recuerdo los recreos en el patio de colegio en los que tenía que comer un almuerzo especial porque tenía que bajar de peso. Mis talones sufrían esos kilos de más. Tenía apofisitis del calcáneo, una inflamación dolorosa en el talón que se produce, entre otras cosas, por obesidad.

En clase nunca me hicieron burlas ni sufrí acoso, pero te puedes imaginar que no era la «niña bonita».

Todavía guardo en la memoria la cara de los compañeros cuando en gimnasia había que saltar al potro. Ya sabes, ese ejercicio en el que uno dobla la cintura y esconde la cabeza entre las manos para servir de potro mientras tú saltas por encima apoyándote en su espalda y abriendo las piernas. ¡Un espectáculo!

No me preguntes cómo lo hice, pero en la adolescencia me cambió el metabolismo y la gordura quedó atrás. Aunque su huella sí quedó grabada en mi autoconcepto. Hubo momentos complicados en la adolescencia, cuando aprendemos a amar (o no) nuestro cuerpo.

Después, he pasado por tres embarazos en los que el cuerpo se vuelve un chicle que se infla como una pompa, después explota y se queda flácido. Tras el primer parto me recuperé muy rápido. Tanto, que pasé al otro extremo: me quedé escuálida. No exagero.

Si de pequeña mi talla era XXL, tras haber dado a luz por vez primera tenía una XXS. Recuerdo los comentarios en el trabajo: «Ana, pero qué delgada estás». Todos los días. Si no era uno, era el otro. No sé por qué tenemos el don de opinar del físico de los demás. ¡Con lo bien que estaríamos calladitos!

Ahora el complejo era el opuesto. Era un palillo andante. Y esa imagen en el espejo también dolía porque las curvas son bonitas y lo mío era una recta como la Ruta 66.

Además, desde tercer curso en la universidad ya trabajaba en el medio más exigente desde el punto de vista de la imagen: la televisión.

Siempre querer estar perfecta, siempre salir «guapa». Y ya no te digo si presentas, porque te van a meter sistemáticamente en una talla menos. Es así.

Por tanto, la exigencia con mi físico siempre ha sido muy alta. Y también fuente de inseguridad.

Tras el tercer embarazo, me miraba en el espejo y ¿sabes qué pasó? ¡Algo increíble!

Me encontraba en pleno posparto con mi cuerpo desfigurado y, sin embargo, inmensamente orgullosa. ¡Este portento físico había traído tres seres increíbles al mundo y, además, los había nutrido con lactancia materna!

Ya no juzgaba esa imagen, la amaba profundamente y trabajaba cada día para recuperar ese estado físico en el que me encontrase fuerte, ágil y firme.

Mirando al pasado me doy cuenta de todo el trabajo de autoaceptación realizado. Sé que es posible amarse tal cual se es. Es posible y necesario.

Una sana autoestima es la base de la confianza. Cuanto mejor te sientas contigo mismo y con tu físico, más seguro te sentirás encima del escenario.

Mentalidad: puedes mucho más

> La mente es como un jardín, lo que siembras en ella, lo cosechas en la vida.
>
> Proverbio chino

Ahora ya sabes que para ser un magnífico orador solo hay un camino: aceptarte, quererte y valorarte. Y en este camino tienes que soltar un lastre muy importante: el perfeccionismo. Ese que te impide dar lo mejor de ti porque te obliga a cumplir unos estándares inalcanzables de perfección. Y si no los logras o te equivocas, te sume en el profundo océano de la culpa y la incompetencia.

Para hablar en público necesitas confianza. Y para confiar en ti mismo necesitarás dar un salto muy importante en tu mentalidad.

Para superar la *glosofobia*, el miedo a hablar en público,

primero hay que estar dispuesto a derribar esas barreras interiores con las que tú mismo te frenas. ¿Estás dispuesto/a?

Vayamos paso a paso.

¿Qué te da miedo realmente?

Cuando pregunto esto en mis formaciones lo más habitual suele ser y por este orden:

1. Quedarme en blanco y no saber cómo reaccionar.
2. Que haya alguien que sepa más en la sala y decir alguna tontería.
3. No saber expresarme con claridad y aburrir al público.

El punto 1 y 2 tienen su base principal en la falta de confianza. El punto 3 es un problema de estructura del mensaje y técnica como orador que resolveremos más adelante.

Vayamos con el primer punto. El miedo más común de todos. Lee con atención:

Quedarse en blanco es una falacia de tu mente.

Sí, has leído correctamente. Es imposible quedarse en blanco. No vayas a creer que te engaño. Sé perfectamente cuál es esa sensación de no saber cómo continuar, de tener un dato en la cabeza y no lograr recordarlo ¡y querer morirse literalmente!

En mis años de televisión y sobre el escenario me ha pasado en más de una ocasión. ¿Y cómo los he superado? Hay varias opciones: en un directo en la calle, por ejemplo, mirando un momento el papel o dando un circunloquio para recuperar el discurso o si ocurría en una entrevista, lanzando la pregunta a la persona que me acompañaba para recuperar el hilo mientras contestaba. Si me sucedía sobre el escenario presentando un acto, también recurría a estas dos opciones: primera, mirar el papel con calma y encontrar el punto por el que iba. Porque esa es otra, cuando te quedas en blanco no encuentras tan fácilmente el dato o la línea por la que vas hablando. Y es que tu cerebro se nubla.

Soy consciente de que es una situación muy angustiosa. En apenas unas centésimas de segundo tu mente se queda paralizada, la boca se seca de golpe y el cuerpo se tensa. Entramos en situación de pánico.

Seguro que has visto alguna vez a algún periodista al que le ocurre esta misma situación en directo y se bloquea tanto que sale corriendo fuera de plano. La realización del programa reacciona como un relámpago pasándole la pelota al presentador o presentadora, quien retoma el informativo tratando de que se note lo menos posible...

Esos memes que nos hacen tanta gracia, pero que al pobre reportero le hunde en la miseria...

La clave es manejar la presión en ese momento.

Recuerda: tú tienes el control y tienes capacidad de sobra para encontrar mil maneras de solucionar ese momento.

Como veremos más adelante, tienes miles de recursos a tu disposición: datos, historias, riqueza léxica... Hay muchas formas de salir de un momento en blanco.

Solo tienes que esforzarte en una cosa, la más importante: <u>NO entres en pánico</u>.

¿Por qué? Porque si lo haces, se disparará el cortisol, la

hormona del estrés, y la adrenalina, la hormona que hace que se acelere el ritmo cardiaco. Todo tu cuerpo se prepara para salir huyendo. El cerebro, que es vago y superviviente por naturaleza, solo querrá una cosa: sacarte de allí.

Y lo malo es que una mente raptada por el estrés y la ansiedad no es capaz de pensar y concentrarse bien. Y en ese momento necesitas una capacidad rápida de reacción. Así que aquí va la fórmula.

El salvavidas

Pongamos que estás en una sala llena de personas haciendo una exposición y, de repente, no sabes cómo continuar. Hay un salvavidas especial para este momento, pero solo funciona si eres capaz de tomar el control. Es decirte a ti mismo: «Puedo manejar esta situación».

Toma conciencia. Solo es un instante frente a toda la intervención que estás llevando a cabo. ¿Vas a dejar que un microsegundo arruine todo el trabajo previo y la propia presentación que estás realizando? ¡De eso nada! Tú puedes mucho más.

Así que, utiliza el salvavidas: la pausa.

Instrucciones de uso

Ahora presta atención porque debes seguir las instrucciones paso por paso para que nadie lo note y tú recuperes el control de la situación y de tu discurso.

- **Paso 1. Te quedas en blanco.** No vas a poner cara de susto, ni lo vas a confesar en voz alta, porque nadie está en tu cabeza, ni sabe lo que vas a decir, y tú no vas a ponerte en evidencia de manera tan gratuita delante de los demás. Tu primer pensamiento debe ser: «Puedo recuperar el hilo».
- **Paso 2. Pausa. Cállate.** No empieces a balbucear, ni a echar mano de alguna muletilla infinita como «eeeeeeeeeh». Tampoco empieces a repetir en bucle la última palabra que has dicho. Silencio. Acalla tus pensamientos de pánico y el ruido mental. Tu cerebro necesita un rápido reseteo y se lo vas a conceder.
- **Paso 3. Mira al suelo, y da entre 3 y 5 pasos.** Pero no vale cualquier paso. Ahora tus movimientos deben ser muy calmados, vas a realizar una pausa reflexiva. Aunque por dentro quieras salir corriendo, tu cuerpo va a decirle a tu mente: «Tranquila, está todo bien. Camino tranquilamente porque no pasa nada».
- **Paso 4. Activa tus recursos.** Si tienes un papel o un esquema a modo de guion es el momento de echarle una rápida mirada.

Si tienes una presentación de apoyo es el momento de pasar de diapositiva. Puedes decir: «Enseguida regresamos a este punto, porque ahora quiero que se fijen en...». Y avanzas al siguiente tema.

Si no tienes nada cerca y no se te ocurre cómo seguir de ninguna forma, dos opciones rápidas: **bebes agua con calma.** Todo el mundo comprende que hablando en público se seca la boca.

O dos, recurres al **comodín de la pregunta**. Y le pasas el testigo a alguna persona de la sala para que dé su opinión o preguntas de manera genérica: «¿Todo bien hasta ahora?, ¿se entiende?».

Esperas su respuesta y en estos segundos de margen, seguro que vas a saber cómo continuar. Una mente que no entra en pánico, sino que controla la situación, reconecta de nuevo con sus capacidades y logra continuar sin problema e, incluso, sin que nadie lo note.

Y, aunque se note, si logras recuperar el hilo nadie se detendrá a juzgarte porque se enganchará a lo siguiente que cuentes. Lo importante no es quedarse en blanco, sino cómo sigues adelante cuando te sucede.

Hazme caso. Es posible. Lo importante es que entrenes a tu mente para que no te boicotee. ¿Y esto qué quiere decir? Que entrenes tu mentalidad de crecimiento.

Imagínate: estás haciendo una tortilla y se te cae el huevo al suelo. ¿Cuál es tu primera reacción? «Pero ¡qué patosa eres! Lo haces fatal, es que no sabes ni cascar un huevo!». Este tipo de pensamientos, este diálogo interior negativo, es el que tienes que desterrar ya mismo.

Si en tus acciones diarias, te equivocas y reaccionas así, cuando te quedes en blanco en público, tu mente se bloqueará todavía más, porque solo creerás una cosa: que eres una «patosa», que lo haces «fatal» y que no tienes más recursos para reaccionar.

El lenguaje interior es muy poderoso. Más de lo que crees. Condiciona tu vida absolutamente. Cómo te hablas a ti mismo dice mucho de ti. Te animo a que analices cómo es ese diálogo interior. Y descubras si te empodera o te anula.

En este punto te recomiendo encarecidamente el libro *Somos lo que hablamos*, del doctor Luis Rojas Marcos. Sus páginas te harán comprender la importancia de hablarte con cariño, respeto y alejar de ti *expresiones venenosas* como los «tengo que» o «debería».

La realidad es que eres una persona extraordinaria con multitud de habilidades y de recursos. Llevas hablando toda la vida, manejas a diario cientos de palabras. Es imposible que en un momento determinado no sepas qué decir, porque si no entras en pánico, estás preparado para encontrar sinónimos, circunloquios u otras formas de decirlo.

Practica a diario y vencerás al «momento en blanco»

Si quieres entrenarte en este arte, lo mejor es que dediques cinco minutos al día a improvisar. Elige un tema y grábate hablando de ello durante cinco minutos. Esta actividad sostenida en el tiempo desarrollará en ti una supercapacidad para reaccionar ante momentos en blanco.

Y cada día, háblate bonito, porque si eres capaz de hablarte así, cuando te equivoques en acciones cotidianas o incluso en un momento importante, lo que te dirás será algo similar a: «Venga, Ana, concéntrate. Puedes hacerlo».

Seguro que tu mente no entrará en bloqueo, sino que buscará múltiples vías de salida. Y todo esto en cuestión de centésimas de segundo.

Atención. La mentalidad de crecimiento se entrena. Te recomiendo el libro *Mindset. La actitud del éxito*, de Carol

S. Dweck, doctora en Psicología y una de las mayores investigadoras en el campo de la personalidad y gran experta en psicología del desarrollo.[2]

En su libro explica la diferencia entre *mentalidad fija* y *mentalidad de crecimiento*.

La *mentalidad fija* es la que «limita el logro, llena la mente con pensamientos obstaculizadores, hace que el esfuerzo sea desagradable y conduce a estrategias inferiores de aprendizaje. Y, además, convierte a los demás en jueces en lugar de aliados».

Esto provoca que si nos quedamos en blanco, pensemos automáticamente que todas las personas en la sala se han dado cuenta y estarán pensando lo incompetente que eres. Cuando no es así. Seguramente, ni se percaten de lo que te está pasando.

Por contra, la *mentalidad de crecimiento* es la que practican a diario los deportistas de élite. Grandes estrellas como Rafa Nadal, Michael Jordan o Tiger Woods. Son personas acostumbradas a trabajar la voluntad y a conseguir resultados a base de esfuerzo. Y son capaces de encontrar diversión en el proceso y no en el resultado. Aunque, por supuesto, a todos les encanta ganar. Pero si pierden un punto o un partido no se sienten fracasados. No se hunden en la miseria, ni se dicen cosas como: «No sirves para nada, quién te has creído que eres y adónde pensabas que ibas a llegar».

2. La destacada psicóloga e investigadora norteamericana Carol S. Dweck explica, a través de cientos de casos de estudio, que existen dos mentalidades básicas que influyen directamente en el desarrollo de las habilidades fundamentales para el éxito. Carol S. Dweck, *Mindset, la actitud del éxito*, Editorial Sirio, 2016.

No, los deportistas de élite hacen muchísima gimnasia mental. Dice Dweck que para las personas con este tipo de mentalidad no tiene sentido dejar de intentar las cosas.

Mientras escribo estas líneas, la atleta española Ana Peleteiro acaba de regresar del Campeonato de Europa con su medalla de oro.

Peleteiro ya fue medalla de bronce en los Juegos Olímpicos de Tokio 2020. Y ahora ha logrado el oro en Roma con un salto de longitud imponente de 14,85 metros. Es la mejor marca europea de toda la temporada y para ella, uno de sus mejores saltos. Se quedó a apenas 2 centímetros de su propio récord nacional de España.

Pero lo mejor fue su primera reacción al atender a los medios. ¿Sabes qué dijo? Preguntó por cómo le había ido al tenista español, Carlos Alcaraz, en Roland Garrós. Estas fueron sus palabras: «¿Ganó? ¡Vamos, h***s! Bien, bien Carlitos. Dos remontadas. Somos amigos, trabajamos igual. Solo miré cómo iba antes de llegar aquí, vi que había ganado el set».

¿Te das cuenta? Su pensamiento no fue: «Mira Alcaraz, él sí que es un máquina. Qué capacidad tiene y qué potencia. Y yo voy a ir ahora a saltar y a ver cómo lo hago... Si no me sale bien, no seré tan buena como creo...».

No. Ese pensamiento no casa con ella. Cuando aterrizó en el aeropuerto Madrid - Barajas Adolfo Suárez, ¿sabes qué dijo? «Estoy satisfecha con el resultado, feliz y con ganas de más. Dije que quería tres medallas. Ya tengo dos, falta la más difícil».

Sin embargo, en los Juegos Olímpicos de París no consiguió el anhelado metal. ¿Ha dejado por ello el atletismo? ¿Se ha retirado para siempre porque es una «fracasada»? ¡Para nada!

¿Te das cuenta de cómo piensa una persona con mentalidad de crecimiento? Me gustaría que este ejemplo te inspire para hablarte bonito. A empoderarte siempre y a seguir buscando tu mejor versión. Hacen falta muchos saltos para llegar al medallero. Igual que hacen falta muchos intentos, errores y momentos en blanco incluidos para brillar sobre el escenario.

Todo es entrenamiento y mentalidad de crecimiento.

Cuando creas que no puedes, recuerda: puedes mucho más.

Si sufres un momento de quedarte en blanco en público, piensa: puedes mucho más.

Si no te sale tan bien como esperabas, sigue trabajando: puedes mucho más.

Incluso cuando te salga mejor de lo que esperabas, sé humilde: puedes mucho más.

Ahora que has dado este salto en tu mentalidad. ¡Ya podemos empezar!

Antes de empezar a hablar

Lenguaje No Verbal para hablar en público

Partamos de un axioma fundamental: «No se puede no comunicar». Todas esas veces que optas por el silencio, por poner cara de póquer o no manifestar tu opinión utilizando expresiones vacuas para evitar decir lo que realmente piensas. Cuando reprimes un gesto intencionadamente (o no); miras al suelo o te quedas quieto... ¡Estás comunicando!

Todo comunica. Incluso cuando no queremos hacerlo, estamos comunicando. Y esto se debe a que toda conducta adquiere valor de mensaje. Y como es imposible no comportarse, no existe la no comunicación. Conclusión: no se puede dejar de comunicar.

Esto significa que cualquier comportamiento que realices puede ser interpretado por otras personas como si tuviera algún significado.

Por ejemplo, cuando subes al escenario y quieres ocultar tu nerviosismo; para ello, miras al suelo en vez de al público. No estás diciendo en voz alta: «Estoy de los nervios», pero ese comportamiento ya envía ese mensaje por ti.

O cuando tenemos un mal día y nos encontramos con una persona en el ascensor y, sin pensarlo, miramos hacia otro lado. No estamos hablando, pero estamos dejando muy claro que no queremos iniciar una conversación...

O cuando nos encontramos con una persona que nos cae mal y no podemos evitar un gesto de asco...

En Comunicación No Verbal el protagonista es el inconsciente

Y su impacto es total: un 93 % de lo que expresamos lo hacemos de esta forma. Y, además, incide de manera directa en el proceso comunicativo, puesto que se calcula que las señales no verbales impactan hasta cinco veces más que las verbales.

Toma conciencia de tu cuerpo. Sí, a partir de ahora, tienes una misión: conectar tu cabeza a tu cuerpo. Y me dirás, «Ana, ya existe algo llamado "cuello" que los une». Quizá te sorprenda saber que las personas andan por el mundo desconectados de su cuerpo. Quizá seas una de ellas y no lo sepas. Comprobémoslo.

Antes de nada, quiero recomendarte en este punto, una de las charlas TED más vistas de la historia con cerca de ochenta millones de reproducciones: «Los colegios matan la creatividad» (2006),[3] de sir Ken Robinson, ya fallecido, una de las voces más influyentes en creatividad e innovación en la educación del siglo xx.

En ella, Robinson habla de cómo los niños viven conectados a su ser: bailan, se mueven, saltan... Su cuerpo forma parte de la experiencia vivencial del aprendizaje. Pero conforme nos hacemos mayores, nos disgregamos de nuestro cuerpo y nos volvemos «cabezas andantes» y nuestro cuerpo se vuelve «un palo» sin más función que sujetar a nuestras cabezas pensantes.

¿Eres una cabeza andante o un cuerpo pensante?

La diferencia es muy importante. Y te explico por qué. Hoy la neurociencia está avanzando muchísimo en la conexión cuerpo-mente. Y fíjate que no he escrito «mente-cuerpo», porque todas esas neuronas presentes de cuello para abajo hablan continuamente e influyen en el cerebro, es decir, en nuestro pensamiento.

Contamos con más de trece millones de neuronas en el sistema nervioso autónomo de la médula espinal; con cerca de cien millones de neuronas en el llamado «segundo cerebro», científicamente conocido como «sistema nervioso en-

3. «Los colegios matan la creatividad» (2006), de Ken Robinson. La puedes ver aquí: <https://www.ted.com/talks/sir_ken_robinson_do_schools_kill_creativity?utm_campaign=tedspread&utm_medium=referral&utm_source=tedcomshare>.

térico», encargado de la función intestinal; y con aproximadamente cuarenta mil neuronas en el corazón.

Detengámonos un instante en el corazón.

El corazón posee una compleja red de neurotransmisores, proteínas y células de apoyo que forman un sistema nervioso independiente. De hecho, es el único órgano que envía más información al cerebro de la que recibe. ¿No es increíble?

Tu corazón, que bombea tranquilo mientras lees, tiene autonomía para inhibir o activar determinadas partes de tu cerebro influyendo en tu percepción de la realidad, tu estado emocional e incluso en tus propias reacciones.

Sí, tu corazón le habla al cerebro y a veces actúa al margen de las órdenes de este.

Y esto es muy importante, ¿sabes aquello de las corazonadas? Pues no es una expresión sin más. ¡Es muy real!

Las neuronas de tu corazón pueden aprender, recordar y percibir. Tus corazonadas se almacenan. En el corazón, además, se generan cuatro tipo de conexiones distintas que van desde las puramente neurológicas, a las bioquímicas, biofísicas y energéticas.

Y en este sentido, déjame decirte que su campo electromagnético es cinco mil veces más intenso que el del cerebro. También se ha descubierto que este cambia en función del estado emocional. Cuando la frecuencia es armoniosa, las ondas son amplias y regulares. Cuando sentimos miedo, ira o desconfianza, las ondas se vuelven desordenadas.

El magnetismo de tu corazón

La energía electromagnética que generamos se clasifica en dos categorías: coherente e incoherente.

Uno de los principales centros que ha estudiado este fenómeno es el HeartMath Institute,[4] que se ha centrado en cómo las emociones influyen en la variabilidad de la frecuencia cardiaca y en el campo magnético del corazón.

La **energía coherente**: el ritmo cardiaco y otras funciones biológicas del cuerpo están sincronizadas de manera eficiente y armónica. La persona experimenta emociones positivas como gratitud, amor o compasión. Su ritmo cardiaco se vuelve más ordenado, mejorando la función cognitiva y emocional y su sistema inmunológico.

La **energía incoherente**: el ritmo cardiaco se vuelve irregular o caótico. Está asociado a emociones negativas como el estrés, la ansiedad o la frustración. Dificulta la toma de decisiones y la claridad mental, y afecta al sistema inmune.

Lo fundamental de todo esto es que esa buena o mala energía se irradia continuamente. También cuando hablas en público. Se calcula que el campo electromagnético de tu corazón puede llegar hasta los 5 metros de distancia.

Por eso **comunicar no es solo trasladar una información**, comunicar es un proceso complejo que conlleva la

4. La variabilidad de la frecuencia cardiaca (VFC), que es el núcleo de la investigación que lleva a cabo el Instituto HeartMath, es una medida de los cambios naturales que se producen latido a latido en la frecuencia y el ritmo cardiaco. Sirve como método para evaluar la salud y la resiliencia humanas.

transferencia de un mensaje que **implica a todo nuestro cuerpo** con un determinado nivel de energía, emoción e intuición.

¿Podríamos afirmar que la intuición, tan importante a la hora de hablar en público, reside en el corazón?

Decir que la intuición está en el corazón es una expresión habitual, una metáfora poderosa y ampliamente utilizada en la cultura popular, la literatura y las tradiciones espirituales. Sin embargo, la ciencia no corrobora esta visión. Desde una perspectiva estrictamente científica y biológica, la intuición no se origina literalmente en el corazón.

Desde el punto de vista cognitivo y neurológico, las investigaciones han relacionado la intuición con procesos que se desarrollan en el cerebro, específicamente en áreas como la corteza prefrontal y el sistema límbico, responsables de las emociones y el procesamiento rápido de información.

Esos estudios neurocientíficos han mostrado que el cerebro es capaz de procesar información a un nivel subconsciente, lo que contribuye a lo que llamamos «intuición».

Y si bien hemos visto que el corazón no «piensa» en el sentido cognitivo, sí está involucrado en el sistema nervioso autónomo, que regula las respuestas emocionales y fisiológicas. Las respuestas intuitivas pueden estar acompañadas de cambios en la frecuencia cardiaca y otras respuestas físicas que se perciben como «sentimientos del corazón».

Hay una larga tradición espiritual y filosófica que relaciona la intuición con el corazón. Por ejemplo, en la filosofía china, el corazón es considerado el centro de la conciencia emocional y la sabiduría. Por ello, no nos resultan extrañas expresiones como «escuchar al corazón» o «sentir con el corazón».

En la literatura y la cultura popular a menudo se ha retratado al corazón como un símbolo de intuición y guía interior. Esta maravillosa metáfora ayuda a expresar la idea de que las decisiones intuitivas están profundamente conectadas con nuestros sentimientos y experiencias emocionales.

La ciencia ha demostrado que hay una interacción real entre nuestras emociones —que se sienten físicamente en el cuerpo, incluyendo el corazón— y nuestros procesos cognitivos. Y uno de esos elementos medibles es la llamada «coherencia cardiaca», un estado en el que el ritmo del corazón y el cerebro están sincronizados. Se asocia a estados de calma y claridad mental que facilitan la toma de decisiones intuitivas.

Es ahí hacia donde quiero que te enfoques cuando hables en público.

Cuando subas al escenario, no te olvides de la emoción.

Al contrario, sube plenamente conectado a lo que sientes y a lo que percibes en tu audiencia. Y esto implica sumar tu intuición al discurso. En realidad no es una suma, sino una multiplicación.

Porque la inteligencia emocional —que implica la capacidad de reconocer, entender y manejar nuestras propias emociones, así como las de los demás— está estrechamente relacionada con la intuición. Las emociones que sientas en esos momentos cruciales te van a proporcionar una información muy valiosa que puede guiar tus decisiones intuitivas sobre el escenario. Así pues, podemos decir que la intuición es tu arma secreta en oratoria.

Despierta tu cuerpo y tus sentidos. Solo así serás capaz de percibir toda esa gran cantidad de información. Y reajustar tu discurso si fuera necesario.

Conecta tu cabeza a tu cuerpo y tu mente a tu corazón.

Esta primera lección es determinante:
siente tu cuerpo, activa tu intuición.

Comunicador consciente, comunicador eficiente

Estoy segura de que ahora comprendes mucho mejor la importancia —casi diría urgencia— de tomar conciencia de tu cuerpo. Y como comunica sin parar, ha llegado el momento de controlar esa comunicación: vamos a convertirte en un **comunicador consciente.**

Quizá estés pensando dos cosas ahora mismo:

1. «¿Y eso cómo lo hago?».
2. «Ana, ¡eso es agotador!».

Ciertamente, lo es. No te voy a engañar. De hecho, hay muchos momentos en los que bajamos la guardia: en casa, con nuestros seres queridos o entre amigos.

Lo más habitual es que suceda cuando hay mucha confianza o estamos tan cansados o tan nerviosos que perdemos la conciencia de nuestro lenguaje corporal.

Por eso, las primeras veces que hablas en público los nervios te traicionan hasta tal punto de hacer que te tiemblen las manos, que te toques la cara continuamente en un gesto adaptador, que dirijas la mirada hacia todos los lados menos a tu audiencia o que te muevas continuamente hacia delante y hacia atrás sin que ni siquiera te des cuenta.

Y, sin embargo, si hay un momento en el que debes activar y elevar tu nivel de consciencia sobre tu Lenguaje No Verbal es cuando te expones en público.

Porque, recuerda: somos expertos en Lenguaje No Verbal.

Interpretar todas las señales, incluso las más insignificantes, nos han permitido sobrevivir como especie. Leemos el lenguaje corporal de todas las personas que nos rodean continuamente y percibimos en especial las señales de incongruencia en el mensaje.

Por ejemplo, cuando una persona quiere aparentar seguridad y control, pero al subir al escenario percibimos rigidez, vemos que toca el micrófono o se reajusta el traje de manera tensa, emite unas señales. Son señales que nos hablan de su estado interior nervioso e inseguro. ¿Verdad que no te imaginas a Obama realizando este tipo de gestos al pronunciar un discurso? Sin duda, ser un comunicador consciente te convierte en un comunicador más eficiente. ¡Y eso es lo que vamos a conseguir con este capítulo!

Quiero decirte que para activar esa consciencia no hace falta que subas a un escenario. Puedes hacerlo en entornos muy variados donde tu comunicación se convierte en factor determinante. Por ejemplo, en una entrevista de trabajo, en una reunión ante la Junta Directiva o en la defensa de una tesis.

Puedes hacerlo también desde este mismo momento, reajustando tu postura, observando el comportamiento no verbal de las personas que te rodean y el tuyo propio.

Ser consciente de tu comunicación es una poderosa herramienta que te ayudará a generar un mayor impacto en tu audiencia, sin que pierdas por ello naturalidad. ¡Al contrario!

De hecho, la naturalidad es determinante para expresar con coherencia tu estilo personal al comunicar, para que den credibilidad a tu mensaje y para que te perciban como alguien carismático al que escuchar.

<u>La autenticidad es una conquista</u>.

Y pasa por permitirte ser tú y estar conectado antes que nadie, contigo mismo. A través de estas páginas espero darte todas las herramientas para que seas capaz de desbloquear tu herramienta más poderosa de conexión con los demás: ¡tu autenticidad!

<u>Tú eres tu mejor recurso</u>.

No hay nadie como tú y, por tanto, nadie comunica como tú. Este axioma también es muy importante que lo comprendas, creas e interiorices.

Solo así serás capaz de integrar mejor y más rápido todos los elementos que componen el mensaje, de modo que este será mucho más coherente, certero y efectivo.

Tu cuerpo es envoltorio de tu mensaje. Alinéalo. Y descubrirás el poder de una comunicación consciente.

Ventajas de una comunicación consciente:

Te ayuda a:

- Generar una primera impresión más significativa y positiva.
- Enfocar más adecuadamente la conversación, porque detectarás mejor cuál es su estado emocional (si está nervioso, inseguro, contento, sorprendido, dubitativo...).
- Calibrar el impacto de tu mensaje (si está sintiendo agrado o desagrado con lo que dices).
- Detectar si hay coherencia o no en su mensaje.
- Averiguar si está dispuesto a continuar con la conversación o negociación en función de sus posturas y gestos de apertura o cierre...

Ya sabes, ponte las gafas de leer el Lenguaje No Verbal y empieza a traer al consciente toda esa información que está a tu disposición dentro y fuera de ti.

Concluyo con un mensaje poderoso: TOMA EL CONTROL DE TU CUERPO.

EJERCICIO 4:
CONECTANDO CON TU CUERPO

Busca un lugar tranquilo en el que no pueda haber interrupciones y puedas concentrarte en ti. Respira inspirando y exhalando por la nariz en tiempos de 5 segundos.

Postura 1:
Ponte de pie. Alinea tus pies con tus caderas y hombros, ponte recto.

Alarga el cuello y tira de los hombros hacia abajo, como si unas cuerdas con peso los tirasen hacia el suelo sin perder la postura erguida de tu espalda.

Siente el peso de tu cuerpo sobre los pies. Concéntrate en esa sensación unos instantes.

Postura 2:
Une las yemas de los dedos a la altura del ombligo y conecta con la energía de tu cuerpo. Siente el palpitar de tu corazón unos instantes.

Postura 3:
Ahora baja las manos y ponlas sobre tus muslos. Con los pies pegados al suelo, inclínate suavemente hacia delante. Lo justo para que se activen los abdominales, los glúteos y el resto de los músculos que te sujetan. Siente tu cuerpo.

Haz este mismo movimiento tres veces a ritmo lento y respirando.

Postura 4:
Por último lleva las manos al corazón y respira tres veces sintiendo el ritmo pausado de tu corazón. Conecta con tu aquí y ahora. Tu «ser y estar» en este momento.

Vuelve a la postura inicial. Abre tus piernas y levanta tus brazos en V y mira hacia arriba.

Respira profundamente y siéntete capaz de afrontar el día o tu discurso con seguridad. Mantente así unos instantes.

Abre los ojos y camina ligero con conciencia de tu cuerpo el resto del día.

Los 4 pasos definitivos para comunicar con seguridad

> Lo que haces habla tan alto que no me deja oír lo que estás diciendo.
>
> Ralph Waldo Emerson

Muchas veces cometemos el error de pensar que nuestro discurso arranca cuando decimos la primera palabra. Y en realidad comienza desde el momento en que entramos en la sala, nos levantamos del asiento o nos dirigimos al escenario.

Y como hemos visto, esa información que proyectas es tanto o más importante que tus primeras palabras. Lo ideal es que la combinación de ambas logre el impacto que buscas: generar expectación, atención y conexión.

Y, por supuesto, transmitir control, seguridad y credibilidad.

Especialmente en esos primeros segundos, pues sabemos el poder de la primera impresión. ¡Aquí no hay segundas oportunidades!

En las próximas páginas encontrarás las técnicas que necesitas para dominar tu cuerpo al hablar en público. El objetivo es que controles uno de los momentos más cruciales de tu discurso: el inicio.

Antes, quiero que entiendas **tres factores fundamentales del Lenguaje No Verbal.**

Los tres condicionan totalmente tu mensaje:

Entorno: Todo aquello que te rodea y condiciona tu mensaje. No es lo mismo comunicar en un entorno familiar que profesional o institucional. En un entorno conocido como la sala habitual de juntas que en un salón de conferencias. En una silla cómoda que desde un taburete incómodo. Dentro del entorno, el ambiente también influye en tu comunicación. Así pues, no es lo mismo hablar en un ambiente abierto bajo un sol abrasador y con mucho ruido que en un ambiente cerrado, confortable y amigable.

Por eso siempre es recomendable acudir al lugar de tu exposición o ponencia con antelación, idealmente el día previo o unas horas antes para familiarizarte con ese entorno. Así como también lo es experimentar el ambiente que se respira antes de tu intervención. Puedes hacerlo reservando tiempo para hablar con algunas personas que te escucharán posteriormente o asistiendo al programa antes de tu intervención y observando el ambiente desde la butaca.

Pregunta 1:

- ¿Cómo te afectan los cambios de entorno y ambiente a la hora de comunicar: por ejemplo de un lugar conocido a otro desconocido?
- ¿Eres capaz de sentirte igual de bien en un entorno profesional que en uno personal con familia o amigos?
- Si vas a dar una charla: ¿el hecho de sostener el micrófono te pone nervioso?

Proxémica: Es decir, el uso de las distancias y el espacio que hacen las personas en sus relaciones con los demás. Una persona con mucha seguridad en sí misma tenderá a ocupar más espacio que una persona tímida. Seguramente será más expansiva con sus gestos o en su forma de moverse o sentarse.

PROXÉMICA

- ÍNTIMA
- PERSONAL
- SOCIAL
- PÚBLICO

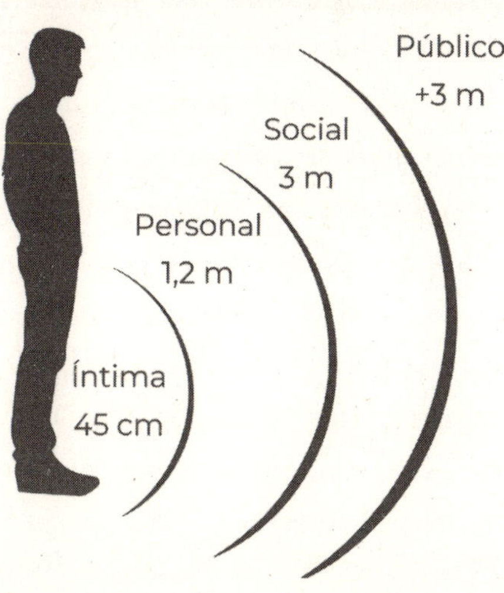

Un ejemplo muy claro de su importancia es el protocolo, ese conjunto de leyes, normas, usos, costumbres y tradiciones que regulan las interacciones sociales de los cargos públicos. En el protocolo las distancias y los espacios están muy marcados. A más poder, más espacio. Las personas con mayor relevancia pública se situarán en las posiciones de presidencia.

Como periodista, he asistido a multitud de actos institucionales con presencia del máximo representante del Estado español, que es el rey Felipe VI. Incluso he presentado actos con presencia de Su Majestad el rey y en todos ellos siempre hay un control absoluto de las posiciones y el espacio.

El público general, por ejemplo, nunca se aproxima al rey, es él quien decide acercarse y saludar o incluso dar la mano. La posición preferente siempre será para él.

Si lo llevamos al ámbito empresarial u organizacional, el máximo representante de una empresa u organización, el CEO o fundador, se situará siempre en el lugar preferente de la mesa de reuniones, por ejemplo. Y en las interacciones sociales con él o ella, verás que se respeta un espacio y unas distancias mínimas, incluso de manera inconsciente.

Otras veces es el líder quien impone esas distancias o posiciones preferentes.

Un ejemplo muy claro es el presidente estadounidense Donald Trump. En la cumbre de la OTAN de 2017 empujó bruscamente al primer ministro de Montenegro, Dusko Markovic, para hacerse un sitio en primera fila. Al empujón le siguió ese gesto tan habitual en Trump: espalda erguida y barbilla en alto. El incidente fue recogido por los telediarios de toda Europa.

Fue un acto claro de Lenguaje No Verbal *Alfa*, que denota dominación, fuerza y confianza, y que implica un mayor uso del espacio.

Otro ejemplo de postura Alfa sería la de Superman, piernas abiertas, manos en la cintura y codos hacia fuera.

Como ves, el uso que hacemos del espacio y de las distancias con el resto de las personas es determinante a la hora de comunicar.

Pregunta 2:

- ¿Qué espacio ocupas cuando te sientas en la mesa de reuniones?
- ¿Qué espacio dejas a los demás en tus interacciones? ¿Eres expansivo con tus gestos o cerrado?
- ¿Es coherente el uso del espacio y las distancias que estableces con aquello que quieres transmitir?

Por ejemplo, no sería coherente querer ser un líder empático y cercano, y en las interacciones sociales mantener siempre una distancia importante frente a los demás o posturas demasiado expansivas que pueden intimidar a quienes te rodean.

Hablando de distancias, suele ocurrir que hay dos tipos de personas.

1. **Distancias cortas:** Los que se sienten muy cómodos en las distancias cortas, pero que ante un auditorio se sienten abrumados.

2. **Distancias amplias:** Todo lo contrario. Personas que se sienten muy bien en grandes escenarios donde la distancia

es muy grande e incómodos en distancias cortas, como las que se mantienen en conversaciones entre una o varias personas.

Piensa en una cantante de fama internacional como Lady Gaga, que llena escenarios inmensos o «el escenario» por excelencia, que es la SuperBowl en Estados Unidos. Y es capaz de conquistar todo ese espacio con su energía y voz, pero después cuando se quita sus trajes y maquillaje, no es esa persona extrovertida que va saludando a conocidos y desconocidos con el mismo desparpajo. Al revés, ella misma admite que es «muy tímida» con personas que no conoce.

Una persona a la que quiero y admiro es Patricia Ramírez, psicóloga, escritora, conferenciante y divulgadora en diferentes medios de comunicación. Es capaz de llenar teatros enteros con sus obras como *Entiéndeme tú a mí* o *La ansiedad no mata, pero fatiga* con las que pone en pie a cantar, bailar y hacer reír a los asistentes, pero después es una persona que se define como «introvertida» y prefiere no ser el centro de atención en esas distancias cortas.

Como ves, la forma de ser —más tímida o introvertida— no impide hablar en público. ¡Al contrario! Te sorprendería la cantidad de personas introvertidas que se exponen ante los demás, como el escritor y conferenciante, Simon Sinek,[5] o el

5. Simon Sinek cuenta con varias charlas TED, la más vista de ellas es «Cómo los grandes líderes inspiran la acción», que puedes ver aquí: <https://www.ted.com/talks/simon_sinek_how_great_leaders_inspire_action/transcript?subtitle=en&language=es&lng=es&geo=es>.

Aunque mi favorita es «Por qué los buenos líderes dan seguridad»: <https://www.ted.com/talks/simon_sinek_why_good_leaders_make_you_feel_safe/transcript?subtitle=en&language=es&lng=es&geo=es>.

actor Cillian Murphy, protagonista de *Oppenheimer* o de la serie *Peaky Blinders*.

Simon Sinek tiene una definición muy interesante sobre las personas introvertidas y extrovertidas. Él las diferencia entre los que ganan energía con las interacciones sociales y los que la pierden con esas relaciones.

En una barbacoa, Sinek es el tipo que cocina las hamburguesas mientras otros van charlando de un grupo a otro. Y al mismo tiempo, este motivador inglés es un maestro hablando sobre el escenario, capaz de ser gracioso, ocurrente y tremendamente interesante con un micrófono encendido.

También hay otros dos tipos de personas:

1. **Las que les gusta el contacto físico:** ¿Sabes esa persona que conoces por primera vez y te da un abrazo o te da la mano y te toca la espalda al mismo tiempo? O ese compañero de trabajo que va a decirte algo y te toca el brazo o el hombro si estás sentado. Personas que utilizan mucho el contacto físico al comunicarse.

2. **Las que prefieren mantener distancias:** Suelen ser personas más frías o analíticas, que en las primeras interacciones alargan el brazo para dar la mano fijando esa distancia para saludarte. O personas que dan dos besos casi sin rozarte las mejillas y con el resto del cuerpo —especialmente las caderas— alejadas de ti. O personas que prefieren evitar abrazos y ese tipo de contacto físico.

Realmente no lo necesitan para relacionarse con los demás. Y solo admiten en su círculo proxémico más íntimo, que se sitúa entre los 15 y 45 centímetros de su cuerpo, a sus personas más allegadas.

Como te manejes en las distancias proxémicas dice mucho de tu personalidad y define tu manera de interaccionar con los demás. La clave aquí es ser consciente de que la comunicación no va sobre ti, sino de cómo haces sentir a los demás. Por ello, es mucho mejor poner atención en cómo prefieren los demás relacionarse contigo.

Pregunta 3:

- ¿Qué tipo de comunicador eres respecto a las distancias proxémicas? ¿Te sientes más cómodo/a en distancias grandes que en las cortas?
- ¿Cómo te relacionas con los demás? ¿Sueles realizar un contacto físico o lo rehúyes?

Sobre el contacto físico en las interacciones, hay numerosos estudios que demuestran que un leve toque mientras hablas con la persona refuerza la percepción de confianza. Previamente conviene haber leído su lenguaje no verbal para saber si está abierta a un contacto físico o no. El efecto contrario genera rechazo.

Y es que ese contacto físico activa el córtex cerebral favoreciendo sentimientos de conformidad y confianza. Por tanto, realizar un leve toque en el brazo al interactuar con los demás nos muestra más honestos y confiables.

Además, el contacto físico proyecta mayor poder social, puesto que esa capacidad se relaciona con la autopercepción de mayor seguridad, autoestima y poder.

Ejemplo de ello son los diferentes apretones de mano.

Un ejemplo hilarante de esta afirmación de seguridad y

poder son los protagonizados por el expresidente de Estados Unidos, Donald Trump, y el presidente de la República Francesa, Emmanuel Macron. Te invito a que lo busques en YouTube, estoy segura de que te harán reír.[6]

En ellos verás cómo a ese apretón le sigue una palmada en la espalda y una conversación en la que permanecen con las manos unidas hasta que Trump realiza un gesto muy habitual en él, que consiste en dar unas palmaditas en la mano que permanece estrechada. Pero Macron continúa apretando, porque no tiene intención de ceder a los toques de Trump. Al final, tras varios minutos y las manos ya pegajosas, ambos consideran que ya es suficiente y sueltan. ¡Los apretones de manos más largos de la historia!

Hay todo un lenguaje oculto en los apretones de manos, si se dan de forma perpendicular al cuerpo estará equilibrado, pero si la persona que te da la mano te la gira para que la suya quede por encima y entra en tu espacio personal, estará siendo demasiado dominante e invasivo.

Hay apretones donde apenas tocamos los dedos de la persona, lejanos e inseguros. Otros en los que a uno casi le rompen los nudillos, demasiado rudos. Lo ideal es mostrar firmeza y mirar a los ojos al mismo tiempo que se estrecha la mano. Transmite seguridad, confianza y firmeza.

El contacto físico es realmente importante. Nos sirve para

6. Un ejemplo de apretón de manos con connotaciones de poder es el que mantuvieron los presidentes Donald Trump y Emmanuel Macron en 2017. Puedes verlo aquí: <https://www.youtube.com/watch?v=9YH9aaqIJ_g&ab_channel=NoticiasTelemundo>.

expresar apoyo y soporte y, si está bien calibrado, suele generar sentimientos de confort y gratitud.

Conclusión: conocerse es muy importante para saber cómo te influyen estos factores tan importantes en comunicación. Así podrás actuar con estrategias para superar los posibles frenos o bloqueos. Y, sobre todo, al tomar conciencia del espacio y las distancias mejorarás tus interacciones sociales porque sabrás identificar mejor cómo relacionarte con los demás.

EJERCICIO 5: LAS GAFAS DE LENGUAJE NO VERBAL

¿Quieres relacionarte mejor con los demás? Ponte estas gafas de visión especial.

Ejercicio 1:
Fíjate en qué distancias te marcan las personas que te rodean y trata de relacionarte con ellos según sus preferencias y no las tuyas. Esto facilitará la comunicación y hará que las personas se sientan más cómodas contigo.

Ejercicio 2:
Fíjate también en qué distancias y qué tipo de contacto físico (o ausencia de él) mantienes con los demás en tus interacciones sociales. Analiza si podrías realizar algún cambio para ser más confiable y persuasivo en tus comunicaciones.

Ahora que ya sabes cómo te influye el entorno y las distancias al hablar en público, hablemos del otro punto clave:

Estado emocional: Cómo te sientes y te percibes frente a los demás. ¡Este es el factor que más influye en tu Lenguaje Corporal! Si comprendemos el proceso según el cual recibimos un estímulo, lo procesamos y actuamos, hay un condicionante fundamental que es tu estado emocional. Según en qué estado te halles, reaccionarás de manera distinta a un estímulo externo.

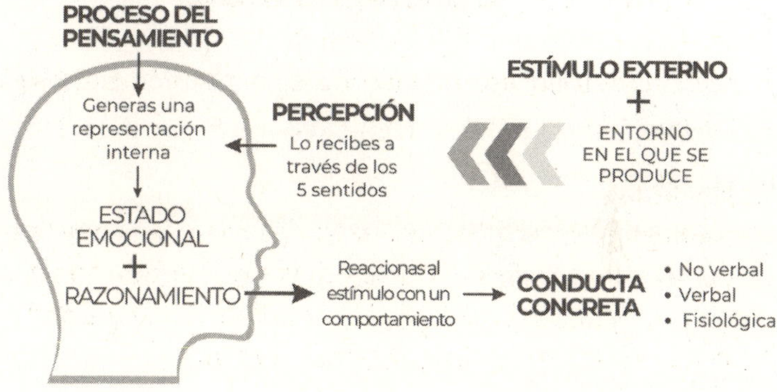

Por ejemplo, cuando estás muy cansado te irritas con más facilidad y es más fácil que respondas de forma seca o incluso malhumorada ante una interrupción. Otras veces, si te encuentras feliz y relajado, no te enfada esa interrupción. Es más, dejas lo que estabas haciendo para girarte hacia la persona y entablar una conversación.

Si lo aplicamos a los momentos de exposición pública, no es lo mismo si te sientes confiado sobre la materia de la que vas a hablar y sobre el público que te escuchará, o si no dominas el tema o te sientes intimidado respecto a las personas que te van a escuchar.

Tu estado emocional determina el resultado de tu exposición o discurso. Por eso no puedes transmitir seguridad al hablar en público si no crees lo suficientemente en ti. Volvemos a la cuestión de la autoestima y la autoconfianza. Dos aspectos que se reflejan en tu Lenguaje Corporal.

Por ejemplo, si no te sientes con la suficiente confianza, tenderás a cerrar tu comunicación cruzando los brazos o las piernas o apretando las manos entre sí.

Querrás sostener un bolígrafo para sentirte más seguro o buscarás la manera de que otras personas hablen por ti en vez de aprovechar la gran oportunidad que supone hablar en público.

No obstante, si te sientes confiado y con buena autoestima, te atreverás a mirar al público de frente, abrirás tus brazos dejando al descubierto tus órganos vitales como pecho y abdomen e incluso te moverás por el escenario con pasos firmes y ligeros.

Trabajar tu estado emocional, comprender cómo te sientes y establecer estrategias para reconducir ese estado interior hacia uno de calma y control te ayudará enormemente a comunicar como un maestro de la oratoria.

Dice la psiquiatra, escritora y conferenciante, Marian Rojas Estapé que «la actitud previa determina el resultado». Y es que el cerebro puede programarse. Si cuando se enfrenta a un reto, lo preparamos interiormente con una actitud positiva, potenciando nuestras capacidades, centrándonos en las soluciones en vez de las objeciones, este trabajo interior tendrá un efecto directo en el resultado final.

Cuidado, no estoy diciendo «querer es poder», ergo, quiero hablar en público con seguridad y entonces, subo al escenario y lo domino todo. Los resultados no son inmediatos, necesitamos entrenamiento para perfeccionar el resultado.

Lo que está claro es que si subo al escenario pensando que me voy a equivocar, que no recordaré algún mensaje o que me falta preparación y seguridad, lo que proyectaré a los demás será el reflejo de ese estado emocional.

Y el resultado final será mucho peor que si te expones a los demás habiendo preparado y trabajado también tu estado emocional. Además, tu Lenguaje No Verbal será un espejo que revelará automáticamente todo lo que sientas de manera consciente e inconsciente.

En este caso la ciencia lo corrobora. Hay multitud de estudios que han demostrado la relación entre el estado emocional y el Lenguaje No Verbal. Su grado de influencia es extremadamente alto en casi todos los aspectos, desde las expresiones faciales hasta la postura, los gestos y el tono de voz.

Investigadores como Paul Ekman,[7] Klaus Scherer[8] o H.G.

7. <https://www.paulekman.com/wp-content/uploads/2013/07/Universal-Facial-Expressions-of-Emotions1.pdf>.

8. Klaus Scherer y Ursula Scherer (2008), «Assessing the Ability to Recognize Facial and Vocal Expressions of Emotion: Construction and Validation of the Emotion Recognition Index», *Journal of Nonverbal Behavior*, 35(4):305-326.

Wallbott[9] revelaron con sus análisis que nuestras emociones se expresan a través del Lenguaje Corporal de forma más honesta y reveladora que las palabras que decimos.

Así pues, para dominar tu presencia sobre cualquier escenario es necesario que controles estos tres factores clave que condicionan tu Lenguaje No Verbal: entorno, distancias y estado emocional al comunicar:

- Entorno y ambiente
- Distancias
- Estado emocional

Con esta importante información de base ya podemos pasar ¡a la Comunic-acción!

9. H. G. Wallbott (1998), «Body expression of emotion», *European Journal of Social Psychology*, 28 (6), 879–896.

Comunic-acción

Inicio «WOW»: los 4 pasos irrenunciables

Imagina que estás sentado en una butaca, rodeado de cientos de personas y con el escenario enfrente. En unos minutos te tocará subir y hablar porque te van a entregar un premio. ¡Enhorabuena! Espero que le hayas dedicado tiempo a preparar tu discurso porque será una gran oportunidad para tu Marca Personal, con todas esas personas escuchándote y mirándote solo a ti.

Están abriendo ya el sobre con tu nombre. El corazón te va a mil por hora y aunque has bebido agua, la boca se te reseca cada vez más...

¡Dicen tu nombre y el auditorio aplaude! Ya no hay escapatoria. Te levantas con toda la dignidad y seguridad que eres capaz de proyectar —aunque estés hecho un flan— y te diriges hacia las cuatro escaleras que llevan al escenario.

Un representante institucional con el premio en las manos

te espera en medio de ese escenario y también te mira fijamente. Prefiere que la atención esté puesta en ti. Y es que es cierto, ¡eres el protagonista del momento!

¡Estupendo! Mientras subes notas cómo se fijan hasta en el último detalle de tu look. Espero que hayas elegido un buen atuendo para la ocasión, que refleje tu esencia y tu estilo personal. Tu cerebro está calculando todos estos pasos, tus sentidos perciben toda esa atención y energía del auditorio, y estás ciertamente abrumado por ese mar de sensaciones... Y mientras todos estos pensamientos inundan tu cabeza, ¿cuál crees que es el elemento de tu Lenguaje No Verbal que más información ha aportado a tu audiencia?

¡La respuesta correcta es la postura!

La postura en Comunicación No Verbal

Veamos varias claves rápidas y básicas sobre este aspecto relevante de tu comunicación. La postura refleja tu estado emocional, actitud e intenciones de modo sutil, pero poderoso.

1. **Refleja estados de ánimo:** La postura puede mostrar si alguien está relajado, tenso, seguro, inseguro, interesado o desinteresado. Por ejemplo, una persona con los hombros encorvados y la cabeza baja puede parecer desanimada o cansada, mientras que alguien con una postura erguida y abierta puede proyectar confianza y energía. Esta será nuestra postura de seguridad, la que trabajaremos en el libro.
2. **Indica actitudes y disposición:** La manera en que una

persona se sienta o permanece de pie puede indicar su disposición hacia los demás o hacia la situación en general. Por ejemplo, en una reunión o videollamada, una postura inclinada hacia delante puede indicar interés y compromiso, mientras que una postura reclinada hacia atrás en la silla puede sugerir desinterés o superioridad.

3. Comunica relaciones de poder y jerarquía: Como ya hemos visto, la postura también puede reflejar dinámicas de poder. Alguien que ocupa mucho espacio, con una postura expansiva manifiesta dominancia o autoridad, mientras que una postura más recogida y cerrada puede indicar sumisión o deferencia.

4. Refleja la autoimagen y la autoestima: La postura puede revelar cómo se siente una persona consigo misma. Las personas con alta autoestima tienden a mantener una postura erguida y segura, mientras que las que tienen una autoestima baja suelen mostrar una postura más encorvada o defensiva.

5. Es culturalmente significativa: En diferentes culturas, la postura puede tener significados específicos y puede ser interpretada de distintas maneras. Por ejemplo, en algunas culturas como la japonesa, la reverencia, conocida como *ojigi*, es un acto fundamental que refleja cortesía, respeto y gratitud. El grado de inclinación hacia la otra persona demuestra el grado de autoridad y respeto que ostenta. Sin embargo, en otras culturas agachar la cabeza puede ser visto como una muestra de inseguridad.

6. Es continua y difícil de falsificar: Este punto es muy importante. A diferencia de otros elementos de la Comunicación No Verbal, como los gestos que se pueden llegar a dominar, la postura es más continua y difícil de controlar conscientemente durante largos periodos. Esto hace que sea una fuente de información genuina sobre una persona.

En consecuencia, es un reflejo profundo y a menudo inconsciente de nuestro estado interior y nuestra relación con el entorno.

Lo interesante de la postura es que puede influir positivamente en nuestra autopercepción y generar incluso mayor confianza en nosotros mismos.

Fíjate en este estudio: en 2009, los investigadores Briñol, Petty y Wagner[10] seleccionaron a un número de estudiantes: un grupo debía sentarse con una postura erguida, mientras que el otro grupo tenía que mantener una postura encorvada. Después, se les pidió que reflexionaran sobre sus cualidades positivas o negativas en relación con una posible futura carrera profesional. Los participantes que adoptaron una postura erguida mostraron una mayor confianza en sus pensamientos positivos o negativos sobre sí mismos en comparación con aquellos que se sentaron encorvados. Los que estaban erguidos eran más propensos a creer que sus pensamientos eran válidos y representativos de sus capacidades reales.

Además, en el grupo que adoptó una postura erguida, los pensamientos positivos sobre sus habilidades los llevaron a una autoevaluación más alta y a una mayor autoconfianza. Aquellos que adoptaron una postura encorvada no mostra-

10. P. Briñol, R. E. Petty y B. Wagner (2009), «Body Posture Effects on Self-Evaluation: A Self-Validation Approach», *European Journal of Social Psychology*, 39(6):1053-1064.

ron el mismo nivel de confianza en sus pensamientos, haciendo que se sintieran menos seguros de sí mismos.

Por consiguiente, de esta página en adelante, toma plena conciencia de tu postura corporal, corrígela si es necesario. Ya sabes que no solo impacta en cómo te ven los demás, sino también y más importante, en cómo te percibes a ti mismo.

Los 4 pasos de tu inicio «WOW»

Conociendo ya las bases que más impactan de tu Lenguaje No Verbal, regresemos a ese momento de la entrega de premios. Rebobinemos hasta el instante en que abren el sobre y anuncian tu nombre. Esto es lo que harás:

1. Corrige tu postura.
Te levantas del asiento con la espalda recta, cabeza erguida y sin encoger los hombros hacia el centro del escenario donde te darán el premio. Sientes todas las miradas y la presión, pero no te harás «pequeñito». Mantendrás tu postura en todo momento.

2. Planta tus pies.
Subes con decisión, pasos firmes y amplios. Cuando te gires hacia el público, plantas tus pies como si tuvieran raíces que los unen al suelo. Deben quedar alineados con tus hombros y dirigidos hacia el público. Quietos. Firmes. Nada de bailar hacia los lados o balancearse hacia delante y hacia atrás.

Los pies son grandes delatores en Lenguaje No Verbal y hablan de hacia dónde diriges tu atención. Por eso es importante que siempre los direcciones al público.

3. Arriba la mirada.

¡Aquí no hay más opciones que echarle valor y mirar al público! Es un recurso muy poderoso que transmite una gran seguridad y credibilidad. Y lo vas a hacer porque puedes y quieres.

Piénsalo, ¿le comprarías algo a un vendedor que no te mirase a los ojos? Seguramente no te creerías nada de lo que dice y desconfiarías al instante.

Además, la mirada es un gran conector. La necesitas por múltiples razones.

- Te aportará mucha información acerca de tu público.
- Crearás conexión inmediata gracias a ella.
- Proyectarás más credibilidad y seguridad.
- Te enviarás un mensaje de poder y control de forma inconsciente.
- Saldrás mucho mejor en las fotos que publicarán del acto en las redes y medios. Créeme, no querrás salir mirando al suelo.
- ¡Vas a almacenar ese momento mágico en tu cerebro!

Si además le añades una sonrisa natural y genuina, el efecto de conexión y de la primera impresión será muy poderoso.

También puedes mirar con semblante serio e infundir respeto y admiración.

Lo que no te aconsejo es una mirada apagada que genere apatía, escepticismo o lejanía con tu público.

En realidad, lo que buscamos es crear expectación. Y para ello necesitamos el cuarto paso.

4. Silencio.

Normalmente, cuando tenemos que intervenir en una reunión o subimos al escenario para hablar en público solemos sentir la necesidad de acabar cuanto antes. Por eso, no estás todavía ni en la posición y ya has arrancado a hablar. «¡Que pase cuanto antes este suplicio!». ¿Te suena? Te aconsejo que hagas todo lo contrario. Haz un silencio.

Actúa de forma calmada, demuéstrate a ti mismo y a los demás que controlas la situación y tómate tu tiempo. La mejor muestra de autoridad es el silencio.

Ahora, volvamos a esa entrega de premios. Imagínate qué potencia si en tus primeros segundos, en vez de lanzarte a hablar, te paras con:

1. Tu postura de seguridad.
2. Tus pies firmes y alineados.
3. Tu mirada activada, sonriendo con los ojos en señal de acogida al público.
4. Dedicas dos segundos a crear esa conexión, mirando a un lado y otro de la sala en silencio.

Y entonces y solo entonces... arrancas tu discurso. ¡Has generado tu inicio «WOW»! Y te aseguro que el efecto es impresionante.

NOTA IMPORTANTE:

Estos cuatro pasos deben fluir de forma natural, no se trata de que los ejecutes como si fueras un robot.

Por eso te invito a que practiques este inicio «WOW» frente al espejo o grabándote con el móvil de cuerpo entero para que veas también hacia dónde diriges tus pies.

La naturalidad es la conquista
de una oratoria auténtica.

Chequea los 4 pasos y siéntete capaz de sostener la mirada sin decir palabra.

POSTURA-PIES-MIRADA-SILENCIO.

Aquí tienes un enlace a un vídeo explicativo de los 4 pasos:

Aprende a generar expectación de esta forma, pero ¡cuidado! Asegúrate de que lo que viene después esté bien estructurado y tenga interés para quien va a escucharte. Si no, ese efecto «WOW» del inicio se desvanece enseguida y una segunda mala impresión es aún más difícil de remontar.

También te puede ayudar a recordar este inicio la regla nemotécnica de las 3 P.

Regla de las 3 P:

Postura: Rectifica o ajusta tu postura y asegúrate de que proyecta lo que quieres transmitir. Por regla general, pon la espalda erguida y estira tu cuello sin elevar la barbilla hacia arriba, incluso inclina ligeramente el mentón hacia abajo.

Pasos: Cada uno tenemos una forma de caminar propia, pero cuando se trate de hablar en público no arrastres tus pies, evita los pasos pequeños o demasiado amplios. Recuerda que el uso que hacemos del espacio habla de nosotros. No ocupes más espacio innecesariamente.

Camina con pies firmes y pasos ligeros hasta detenerte en el punto fijado; entonces, párate con los pies alineados con tus hombros y no los muevas. Si en un momento determinado vas a desplazarte por el escenario, utiliza la misma estrategia. Cuatro pasos a un lado, te paras y clavas tus pies al suelo direccionados al público.

Presencia: Es tu forma de ser y estar en cada momento en un entorno determinado o sobre el escenario. Es el aura que generas, la forma en la que miras, acoges y conectas con tu público. La manera en la que haces tuyo el espacio con una energía firme, segura, cercana. En una palabra: «magnética».

Es imposible una buena presencia al hablar en público con posturas encorvadas, si no conectas con el público o si evades la mirada. La presencia es un estado avanzado de oratoria en la que estás conectado a tu momento presente y eres capaz de atraer al resto de las personas a tu «aquí y ahora». Es algo que no se puede tocar, es algo que siente y que se puede entrenar.

Gestos: semáforo del Lenguaje No Verbal

> Antes de empezar a hablar, procura que en tu rostro pueda leerse lo que vas a decir.
>
> Marco Aurelio

¿Te has dado cuenta de que hasta ahora no he mencionado los gestos? Aun siendo relevantes a la hora de comunicar, los gestos no son tan determinantes. Un ejemplo muy claro son los presentadores de informativos. Fíjate y verás que apenas realizan gestos. En parte porque deben trasladar la información con la mayor neutralidad e imparcialidad posible sin perder naturalidad.

¿Eso quiere decir que tengo que dejar de hacerlos? ¡Para nada! Lo que debes hacer es **dejar de preocuparte por ellos**. La mayoría de las personas en mis formaciones y en las redes sociales me demuestran cada día su preocupación por no saber qué hacer con sus manos. Es una pregunta recurrente.

Recuerdo una de mis alumnas que hacía muchos gestos al hablar, casi uno por cada palabra que decía y era imposible centrarse en el mensaje. Yo lo llamo el «efecto azafata» porque parece que cada frase va acompañada de un movimiento de brazos. Y esto, en vez de ayudar a retener la información, acapara la atención y distrae del mensaje.

¿Cómo acabar de una vez con el «efecto azafata»? En esa ocasión utilicé un método poco ortodoxo, pero altamente efectivo que te relato como anécdota. Le pedí que se grabase sujetando una garrafa de 5 litros en cada mano y claro, así ¡es muy difícil gesticular!

En otras ocasiones, y este ejercicio también lo puedes realizar tú, pido que escondan las manos en la espalda. Una posición que no te recomiendo nunca al hablar en público, pero que sirve para comprobar que no necesitas tus gestos para transmitir de manera eficaz un mensaje. Es un ejercicio que te permite trabajar otros elementos del mensaje como tu postura, tu mirada, la voz...

¡Los gestos no son tu enemigo, son aliados de tu discurso! Los gestos en realidad son los subrayadores de tu mensaje. Y lo cierto es que los necesitas para remarcar los puntos principales de tu discurso. Ayudan a las personas que te escuchan a comprender qué es lo importante de lo que explicas.

Para identificarlos y aplicarlos en tu oratoria, quiero que conozcas los **5 tipos de gestos** con los que nos expresamos:

1. **Reguladores:** Los que organizan los tempos y dirigen la conversación. Por ejemplo, cuando abres la puerta a una perso-

na y le indicas que pase y se siente en un lugar de la mesa. Y después le indicas que le escuchas y que puede arrancar a hablar.

2. Adaptadores: Los que utilizas para reforzarte a nivel interno ante situaciones que te hacen sentir fuera de tu zona de confort. Cuando te tocas la cara antes de empezar a hablar en público, si te frotas las manos o te giras continuamente un anillo.

3. Ilustradores: Los que remarcan tu discurso enfatizando o señalando los puntos más importantes. Por ejemplo, mostrar tres dedos para hablar de tres puntos clave o abrir tus manos hacia los lados para expresar la magnitud de lo que hablas.

4. Emocionales: Todos los que tienen que ver con tu estado emocional, como muestras de cariño: un abrazo, un beso al aire... o todo lo contrario, gestos que tienen poco de cariñosos: apretar los labios, cerrar los puños,...

5. Emblemáticos: Son aquellos gestos icónicos que están presentes en todas o casi todas las culturas. Por ejemplo, llevarse la mano al corazón o levantar el pulgar en señal de OK. Cuidado porque algunos gestos que creemos universales tienen significados muy distintos en otras culturas.

«Los adaptadores, que no te traicionen»

Recuerdo perfectamente el momento. Él era uno de los cargos directivos de la compañía y subía a recoger un premio concedido a esta. Era un ámbito institucional y estábamos en la sala de mayor relevancia del gobierno de la región.

Era un hombre de unos cuarenta años, bien vestido y con

buena presencia. Recoge el premio y tras la foto de rigor, va hacia el atril para dirigir unas breves palabras al público.

En ese camino de 5 pasos su mirada baja ya le delata. Al llegar al atril, saca un papel con su discurso escrito, se toca el traje y el pelo a la altura de una de sus orejas. Y entonces, comienza a hablar con voz inestable.

No recuerdo lo que dijo, no habló mal, recuerdo que fue correcto en su mensaje, pero su imagen de inseguridad y nervios se me quedó grabada. Fueron solo los primeros segundos, después terminó bien aunque sin gran elocuencia. Fíjate cómo es la memoria que solo almacena lo que más nos impacta y de aquel momento ya ves que no fueron precisamente sus palabras...

Esto lo refleja con datos el estudio del reputado investigador en psicología, Albert Mehrabian,[11] famoso por su trabajo sobre la Comunicación No Verbal y su impacto en la transmisión de mensajes emocionales. Su investigación es más conocida por la «regla 7-38-55», que desglosa cómo se perciben los mensajes emocionales en la comunicación cara a cara.

Regla 7-38-55:

7 % verbal (palabras): Mehrabian descubrió que solo el 7 % del impacto de un mensaje emocional está relacionado con las palabras que se utilizan.

11. A. Mehrabian (1981), *Mensajes silenciosos: Comunicación implícita de emoción y actitudes*, Belmont, Wadsworth.

38 % vocal (tono de voz): Un 38 % del impacto proviene del tono de voz, la inflexión, el ritmo, y otros aspectos vocales.

55 % no verbal (lenguaje corporal): El 55 % del impacto proviene de la comunicación no verbal, como los gestos, la postura, las expresiones faciales y el contacto visual.

Ahora bien, hagamos una importante matización de los resultados teniendo en cuenta el contexto en el que se aplicó esta investigación. La «regla 7-38-55» se refiere a la coherencia entre lo que decimos (las palabras) y cómo lo decimos, el tono de voz y el lenguaje corporal. Mehrabian demostró que cuando hay una incongruencia entre las palabras y el Lenguaje No Verbal —por ejemplo, si alguien dice «Estoy bien» con un tono de voz molesto y una expresión facial de enfado— las personas tienden a confiar más en las señales no verbales y vocales que en las palabras mismas.

Por tanto, estos resultados no son aplicables necesariamente en toda la comunicación en general; sí son, no obstante, indicadores del poder de influencia de nuestro lenguaje corporal. Y sobre todo, de la necesidad de que haya congruencia en nuestro mensaje entre lo que decimos y lo que expresamos físicamente.

Querría detenerme un momento en la expresividad facial, a la que en ocasiones no le prestamos la suficiente atención y, sin embargo, es tras la postura y los pies el elemento que mayor información aporta. Como el rostro transmite muchos matices del mensaje es importante lograr que los gestos faciales acompañen al discurso y no entren en discordancia.

Uno de los investigadores más destacados y pioneros es Paul Ekman, cuyo modelo neocultural (Ekman, 1972, 1977) postula la existencia de siete expresiones faciales universales, que se corresponden con siete emociones innatas: tristeza, ira, sorpresa, miedo, asco, desprecio y alegría.

Estas microexpresiones son controlables hasta cierto punto, ya que la primera respuesta emocional es muy difícil de contener. Ese primer impulso sale de manera automática como reacción a un estímulo exterior que nos causa algunas de estas emociones.

Es interesante la investigación que realizaron en la Universidad de Ohio[12] en 2024 sobre la expresividad facial. Descubrieron que los seres humanos podemos configurar miles de maneras para transmitir emociones con el rostro, pero solo treinta y cinco expresiones funcionan en todas las culturas.

Este estudio trata de entender mejor la emoción humana para diseñar una tecnología capaz de comprenderla. Lo llamativo es que el número de expresiones que utilizamos varía según la emoción y más de la mitad, diecisiete, son expresiones que transmiten felicidad, mientras que el asco solo requiere una expresión.

«La felicidad actúa como un pegamento social y necesita la complejidad de diferentes expresiones faciales; el asco es justamente eso: asco», asegura su autor, Aleix Martínez, cien-

12. Los investigadores Ramprakash Srinivasan y Aleix M. Martínez descubrieron que el rostro humano es capaz de configurar sus músculos de 16.384 maneras únicas. Sin embargo, solo 35 gestos faciales significan lo mismo en todas las culturas y la felicidad es la emoción con mayor expresividad. <https://ieeexplore.ieee.org/document/8580373/citations#citations>.

tífico cognitivo y profesor de Ingeniería Eléctrica e Informática.

Las expresiones de felicidad que demuestran alegría, deleite y satisfacción son más ricas y necesarias en oratoria. Dejemos atrás ese pensamiento de que para tener autoridad al hablar en público necesitamos ser muy serios.

Lo que hemos de conseguir es proyectar seguridad, generar credibilidad y comunicar con coherencia, y ninguna de estas tres claves están reñidas con la sonrisa.

Pero sí hay expresiones que es mejor dejar en casa al exponerse en público, salvo que queramos realizarlas intencionadamente por la naturaleza de nuestro discurso o del comportamiento que queramos manifestar en público.

Uno de los errores más habituales es contraer el rostro, arrugar la frente, fruncir el ceño o comunicar con un rostro muy serio. Puede llevarnos a pensar que la persona está enfadada cuando, en realidad, lo que pasa es que está muy concentrada o preocupada por decirlo bien. Esto nos lleva a contrasentidos como que traslademos una buena noticia con el cejo fruncido o sin una sonrisa en el rostro. O todo lo contrario, que contemos una buena noticia con el rostro totalmente serio o hierático. Las personas se quedarán con el mensaje que envíe tu cara y no tanto con tus palabras.

Otro gesto que suele producirse cuando estamos nerviosos hablando en público o a cámara es levantar continuamente las cejas hacia arriba. Se puede convertir incluso en tic nervioso y no pasa desapercibido al receptor, pero sí al emisor que lo realiza de forma totalmente inconsciente. Las cejas levantadas indican incomodidad y se asocian a las emociones de sorpresa, preocupación y miedo. No es aconsejable transmitir mensajes con esta expresión en el rostro.

Por eso, es importante que aprendas a relajar el rostro. No a ser exagerado, sino expresivo, para que las emociones contenidas en tu mensaje también se transmitan a través de tu lenguaje corporal. Eso ayudará a contagiar ese estado emocional al que quieres llevar a tu público. Porque tan malo es pasarse como quedarse corto, un rostro inexpresivo nos genera mucha incomodidad, porque no somos capaces de entender las emociones que hay detrás.

El mejor ejercicio es grabarse a cámara para comprobar si hay congruencia o no en tus mensajes.

Después de tantos años delante de la cámara, quiero compartirte mi mejor consejo: comunica con una sonrisa en los ojos, no evites esas arrugas genuinas de la felicidad que muestran que te alegras de verdad y abre la boca para vocalizar y facilitar la lectura labial.

Cuando comunicamos con consciencia de nuestro lenguaje corporal todo nuestro ser se acompasa de forma que logramos proyectar la ansiada naturalidad. Y entonces quienes nos escuchan perciben coherencia y se concentran en comprender el mensaje y no tanto en leer las diferentes señales que enviamos.

Como los movimientos con nuestras extremidades superiores —brazos y manos— acaparan mucho la atención, vamos a aprender a controlar los gestos más delatores, que son los adaptadores.

«Gestos adaptadores son delatores»

Aparecen cuando los nervios y la tensión afloran. Con estos gestos solo hay una receta: NO HACERLOS. Se trata de realizar un fuerte trabajo mental para ser capaces de soportar esa tensión y nervios sin necesidad de tocarnos: la cara, las orejas, el pelo, el micrófono, el traje, etc.

Estos gestos no deberían tener presencia en nuestro discurso, salvo que los hagamos intencionadamente con un propósito dentro de nuestro mensaje. Por ejemplo en un *acting* o parodia.

Por consiguiente, si no los necesito, no los hago. Como estos gestos suelen ser totalmente inconscientes, recuerda salir al escenario con plena conciencia de tu «ser y estar» en ese momento para detectarlos y evitarlos.

Si trabajas tu autoconfianza y autoestima, verás que estos gestos tenderán poco a poco a desaparecer.

El mejor entrenamiento es la práctica, antes de hablar en público y durante nuestro discurso. Siempre que puedas grábate y visualízate después, aunque no te guste verte. Así identificarás si has realizado este tipo de gestos y serás capaz de controlarlos mejor la próxima vez.

Un momento especialmente delicado son las preguntas y respuestas, un momento que se vuelve «la hora de la verdad» para el ponente porque toca improvisar. Entonces, es más fácil que aparezcan estos gestos delatores si, por ejemplo, no nos ha gustado la pregunta que nos han hecho, si no tenemos respuesta o si no queremos contestarla.

Prepara siempre posibles respuestas a preguntas para tratar de estar preparado. Siempre podrás recurrir a ellas al responder al público.

«Gestos ilustradores son mis marcadores».

¡Estos sí los queremos!

Son, sin duda, los gestos que más vas a utilizar al hablar en público. Un buen uso de estos gestos te dará mucha autoridad e inspirarás más credibilidad y confianza con tus palabras.

Entendamos ahora cómo, dónde y cuándo realizarlos. Y para ello, utilizaremos el semáforo del Lenguaje No Verbal.

Semáforo del Lenguaje No Verbal

El semáforo es una técnica que he creado para que las personas comprendan de forma gráfica y muy rápida dónde colocar sus manos al hablar.

Si piensas en qué gestos realizas y a qué altura de tu cuerpo los sitúas, seguramente estos ocupen la denominada «franja ámbar», es la zona del pecho, entre los hombros y las costillas.

Y hasta aquí todo bien, el problema viene cuando hablamos en público y mantenemos nuestros brazos y manos todo el rato en esta franja. Saturamos a la audiencia sin saberlo. Estamos haciendo «ruido gestual» y esos gestos que deberían ser cómplices de nuestro discurso se convierten en ladrones de atención.

Hay personas muy extrovertidas y expansivas que realizan muchos gestos y muy amplios. Además, suelen hacerlos en esta zona casi todo el tiempo. El resultado es una gestualidad estresante que no deja lugar a subrayar lo realmente importante del mensaje.

Otras, sin embargo, son justo lo opuesto. Pocos gestos, pequeños y muy pegados al torso. Es como si separar los brazos de los costados supusiera un gran desafío porque se han acostumbrado a gesticular con tensión y de forma insegura.

Teniendo en cuenta que los gestos son parte del pincel con el que expresamos nuestra personalidad, es importante saber cuánto y cómo gestualizamos. El objetivo es sentir que nuestro lenguaje corporal fluye y no proyecta tensión. Si estás colocado en lo que denomino «postura de seguridad», pero tus manos están entrelazadas apretándose entre sí, el público percibirá esa tensión aunque mantengas una buena postura.

El semáforo te indica las franjas en las que realizar tus gestos.

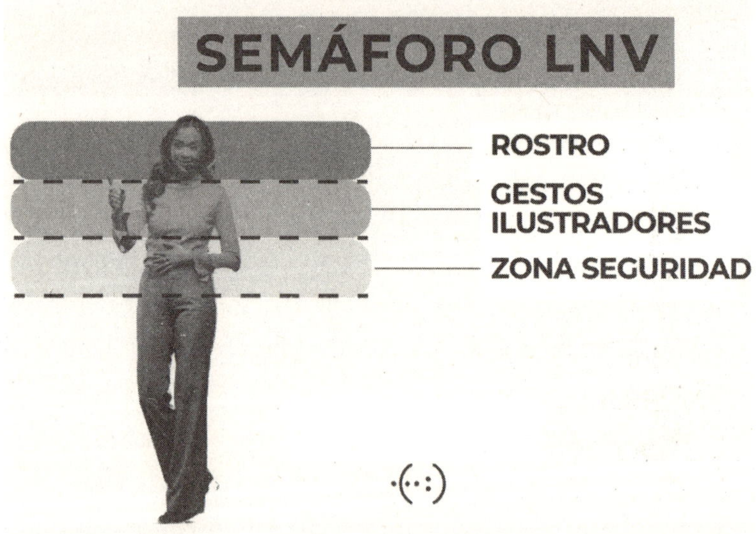

Verde: Zona de seguridad, la que se sitúa a la altura del cinturón o el ombligo, donde puedes mover las manos sin llamar la atención. Especialmente importante para las personas muy extrovertidas que tienden a hablar realizando muchos gestos a la vez. Esta franja se ubica en el bajo vientre, donde nuestros gestos no van a llamar apenas la atención.

Podemos realizar movimientos de arriba abajo con nuestras manos unidas o ligeramente separadas en esta franja o abriendo las manos hacia los laterales en señal de apertura. En cualquier caso, los gestos en esta zona han de realizarse con sentido. Al estar lejos del rostro, que nos aporta tanta información, no generarán «ruido» y sí demostrarán la actitud de apertura, seguridad y control con la que la persona comunica.

Es importante que aprendas a sentirte cómodo en esta posición en la que tu postura es recta, tus pies están alineados con caderas y hombros y tus manos se tocan levemente. Lo ideal es que encuentres ese gesto con el que unir tus manos en esta franja sin proyectar tensión, sabrás que lo has logrado cuando dejes de preocuparte por tus manos. Si estás relajado, tus manos también lo estarán y eso se aprecia claramente.

Ámbar: Zona ubicada entre los hombros y el ombligo. Es la zona de los gestos ilustradores. El equivalente a la negrita en tu texto. Como son gestos puntuales, el objetivo es que subas manos y brazos hacia esta franja para remarcar el mensaje mediante un gesto firme y conciso para después volver a bajar a la zona de seguridad o zona verde. Es importante que tus brazos no se queden fijos aquí en una especie de ángulo de noventa grados porque si te fijas, tus brazos permanecen en tensión. En estos casos suelen ocurrir dos cosas:

1. Las manos se quedan como colgando hacia abajo con los dedos entrelazados y queda mal porque parece que tus manos penden de los hilos de una marioneta. Además, la dirección de tus dedos apunta al suelo.
2. Las manos se mueven continuamente con giros de muñeca, cuando en realidad tendrían que moverse de forma conjunta el antebrazo y la mano a la vez, transmitiendo más solidez y seguridad.

Rojo: Del cuello hacia arriba. Solo gestos muy puntuales que enseguida regresan a la zona verde, porque aquí entran en competencia con la información fundamental que aporta el rostro a través de la mirada, la boca y otras muchas microexpresiones. Además, elevar tus manos por encima de los hombros supone un gesto muy expansivo que acapara mucho la atención. Ni tú mismo querrás recurrir con frecuencia a él.

¡Cuidado! Nunca te tapes el rostro con la mano. Si has de subir las manos o los brazos hasta esta franja, asegúrate de que tus gestos se sitúen a los lados de la cara. Salvo casos puntuales en los que quieras remarcar una información intencionadamente tapando el rostro.

Aconsejo este tipo de gestos en los que los brazos y las manos suben por encima de los hombros cuando hablamos ante auditorios más grandes que requieren de gestos más amplios para que se nos vea.

Por ejemplo, imagina que lanzas una pregunta al público

y quieres que levanten la mano los que tengan una respuesta afirmativa. Para invitar a que eleven su mano, deberás alzarla primero tú de manera clara y hacia arriba.

Respecto al modo en que realizarlos, guíate por estas tres claves:

- **Gestos firmes y concisos.** Suben de la franja verde a la ámbar solo para apoyar el mensaje y lo hacen de forma enérgica y segura. Evita gestos que suben o bajan a cámara lenta o que hacen indicaciones difusas. Queremos que aclaren el mensaje para quien nos escucha y, en consecuencia, serán precisos y proyectarán autoridad. Has de estar seguro cuando realices estos gestos porque, si no, no generarán el efecto deseado.
- **Gestos abiertos.** Una corporalidad abierta proyecta seguridad y confianza. Mantén esta apertura siempre entre la franja verde y la ámbar. Y en vez de realizar gestos pegados al cuerpo, separa tus brazos y abre tus manos. No sostengas ningún boli u objeto si no es estrictamente necesario. Ensaya esa apertura para que ganes seguridad y resulte natural en ti.

Hay distintas posiciones en una corporalidad abierta, lo ideal es que se lleguen a ver total o parcialmente las palmas de tus manos. Y respecto a tus brazos, los puedes mover hacia arriba o hacia los lados. Este último gesto de apertura lateral con ambos brazos es la que más te aconsejo y donde tu corporalidad se abre más hacia los demás.

- **Gestos coherentes.** La simetría es un factor importante en semiótica. Lo ideal es que tus gestos sean paralelos. Cuando subas a la franja ámbar es mejor subrayar con dos manos que solo con una. No metas las manos en los bolsillos. Y mantén la coherencia entre tus palabras y tus gestos. Si vas a dar una mala noticia o un mensaje más serio, no abras tus brazos y realices movimientos expansivos. Será más coherente contener el lenguaje corporal. Recuerda que las incoherencias en el mensaje son lo que más rápidamente detectamos. Trabaja tu mensaje y tu seguridad interior para que tus gestos digan lo mismo que tus palabras.

EJERCICIO 6: IDENTIFICANDO MIS GESTOS

Piensa en un mensaje que domines, uno que tengas claro, con el que te sientas plenamente identificado o seguro.

Coloca el móvil a la altura de tus ojos a una distancia lo suficientemente amplia como para que se te vea de caderas para arriba.

Dale al «rec» y grábate hablando a cámara durante 1 minuto. Después, mírate y analiza cómo son tus gestos: más o menos abiertos o cerrados, si realizas muchos o pocos y en qué franja se sitúan.

- ¿Abiertos o cerrados?
- ¿Gesticulas mucho o poco?
- ¿En qué franja los ubicas?

Practica este ejercicio todas las veces que sea necesario hasta que seas capaz de ubicar correctamente tus gestos. Los que subrayan en la franja ámbar, los que acompañan marcando el ritmo de tu cadencia al hablar en la franja verde, donde no hacen ruido.

El binomio atención-conexión

Estábamos todos sentados. Era un encuentro de emprendedores en el que se sucedían distintas intervenciones. La suya estaba a punto de empezar y nadie se podía esperar lo que iba a suceder.

¡Apareció vestido de Power Ranger!

Un tipo calvo y delgado con su traje rojo cien por cien poliéster bien apretado y dejando poco a la imaginación... Una entrada apoteósica, hilarante, ¡maravillosa! Te puedes imaginar el efecto inmediato. Una estrategia invencible para captar la atención. Además, encajaba perfectamente con el ambiente informal del evento y con su estilo personal, pues este ponente se caracteriza por usar siempre el humor.

Una vez creado el primer impacto ¡y vaya impacto! Y tras un par de gracias, se quitó la parte de arriba del traje —llevaba debajo otra camiseta— y centró la atención hacia el mensaje de esta, clave y realmente poderoso: «Si pones el foco en las personas, todo cambia».

Esta breve anécdota refleja otro axioma fundamental: hablas a personas.

¡Qué obviedad!, ¿verdad? Y qué pocas veces lo tenemos en cuenta.

¿En cuántas de las últimas presentaciones o discursos a los que has asistido has sentido que te hablaban directamente a ti? Si somos capaces de entender este punto, ya nunca volveremos a hablar en público como antes.

Nuestros inicios ya nunca serán iguales, porque nuestro único objetivo será atrapar la atención y generar conexión con ese público en concreto desde el primer segundo. Todo un reto en un mundo de impactos constantes.

Si has seguido la *estrategia de las 3 P* o los *4 pasos para un inicio «WOW»* ya habrás logrado una primera conexión con la audiencia con esa breve pausa mirando al público. Y ahora viene la *estrategia de echar el lazo* o, lo que es lo mismo, llega el momento de atrapar la atención de tu audiencia y no soltarla hasta el punto final.

Menos retentiva que un pez

Jugamos en desventaja. Los tiempos están cambiando a velocidad de vértigo y la curva de la atención cae en picado pasados los primeros segundos del inicio de tu presentación. Tienes a un potente competidor en las manos de tu audiencia. Un dispositivo que les conecta a millones de contenidos e impactos por segundo.

El famoso estudio de Microsoft ya advirtió en 2015[13] de que la capacidad de atención humana había caído a 8 segundos, que es aún menos que la capacidad de retención de un pez dorado, que alcanza los 9 segundos.

El experto y divulgador Johann Hari es una de las voces actuales que más alerta sobre la disminución de la capacidad de atención en la sociedad moderna.

Hari argumenta que la economía de la atención, impulsada por las grandes empresas tecnológicas, está diseñada para captar y mantener nuestra atención a través de constantes notificaciones, actualizaciones y algoritmos personalizados. Esto no solo fragmenta nuestra capacidad de atención, sino que también nos hace adictos al contenido superficial.

En su libro publicado en 2022, Johann Hari[14] cita estudios que muestran que los adolescentes actuales pueden concentrarse en una tarea durante un promedio de solo sesenta y cinco segundos, mientras que los adultos logran enfocarse

13. El estudio de Microsoft quería determinar el impacto de los dispositivos electrónicos y la creciente disponibilidad de la información y medios digitales en la vida diaria con consecuencias directas en nuestra capacidad de concentración. «Microsoft Attention Spans Research Report» (2015).

14. J. Hari (2022), *Stolen Focus: Why You Can't Pay Attention*, Bloomsbury Publishing. Johann Hari, autor de éxito internacional cuyos libros han aparecido en 38 idiomas, ha sido nombrado dos veces Periodista Nacional del Año por Amnistía Internacional.

durante apenas ¡tres minutos! en un trabajo de oficina antes de cambiar a otra tarea.

Y sus consecuencias van más allá del rendimiento académico y laboral: afectan también a nuestro bienestar emocional y a la creatividad.

Hari asegura que la capacidad de atención y comprensión profunda de los niños en edad escolar, hoy tan expuestos a dispositivos digitales, han experimentado una caída del 40 % en las últimas dos décadas.

La cuestión es que el volumen de datos y contenidos no va a disminuir. Se estima que para la década de 2030 se superarán los 2.000 zettabytes. Un zettabyte equivale a 1.000 millones de terabytes. Y un buen ordenador no almacena más de 2 terabytes y ya es muchísimo.

Tenlo claro. Este es el terreno de juego en el que vas a comunicar. Por eso es tan importante que, además de ser un comunicador consciente, te conviertas en un comunicador eficiente.

Aquí empieza EL VIAJE de tu mensaje. Se dice que un viaje se vive múltiples veces: mientras lo preparas, cuando lo realizas y cuando lo recuerdas. Esta es la idea para tu discurso o presentación. Que sumerjas a tu público en un viaje, es decir, en una experiencia que les deje poso en el tiempo.

La autora y poeta estadounidense Maya Angelou, decía en una de las citas más hermosas y manidas en oratoria: «La gente olvida lo que dices, olvida lo que haces, pero nunca olvida cómo les haces sentir». No perdamos de vista esta gran verdad durante el viaje.

La primera pregunta que debes responder es: ¿qué quieres hacerles sentir en cuanto arranque tu discurso?

Al cerebro lo que más le gusta son dos cosas:

1. Claridad, es decir, estructura en tu mensaje.
2. Emoción, que no reciba solo pura información. Esa se queda en el hemisferio izquierdo, que se encarga de descodificar, pero que no almacena.

Para activar el departamento de la memoria y, especialmente, de la memoria a largo plazo, hemos de colorear el mensaje. Dotarlo de creatividad, emotividad, imaginación, humor, etc., algo que se procesa en el hemisferio derecho.

Por consiguiente, se trata de exponerles con claridad en qué va a consistir nuestro viaje, qué fases o etapas viviremos, y contarles lo emocionante, extraordinario o diferente que será el viaje. Damos valor a las cosas cuando le ponemos nombre, cuando las explicamos con un mensaje bien organizado que genere conexión y capte la atención.

Por tanto, es importante al inicio darle valor a lo que vamos a decir. Para nosotros seguramente sea muy importante e interesante lo que transmitiremos a través de nuestro discurso, pero ellos: ¿por qué tienen que escucharte? Recuerda, tienen a su alcance un mundo de distracciones que generan estímulos dopamínicos al instante.

Sí, mantener el **binomio atención-conexión** es todo un reto como orador. ¿Cómo lograrlo? A base de **impactos constantes**, cambios de estado en tu público, preguntas y dinámicas.

Se trata de reconvertir la curva de atención. Si sube al

inicio, desciende y vuelve a subir al final. El objetivo aquí es que la conviertas en una línea ascendente desde tu inicio hasta tu gran final.

No quiere decir que, cual malabarista, estés haciendo juegos continuos, pero sí que busques formas de ir presentando tu información de manera distinta:

- Conectando de forma visual, auditiva o kinestésica, es decir, con los sentidos.
- Realizando cambios en tu voz.
- Moviéndote.
- Haciéndoles preguntas.
- Utilizando juegos, adivinanzas, códigos ocultos...

Si utilizas una presentación, olvídate de párrafos completos proyectados en cada diapositiva. Ese es tu tíquet asegurado hacia el País de Nunca Jamás te Vuelvo a Escuchar...

Puedes utilizar vídeos breves, fotos de gran calidad que jueguen al contraste o al despiste, GIF, frases con contrasentidos, preguntas retóricas, humor, dinámicas grupales...

A mayor calidad de tu mensaje, menos fuegos artificiales necesitarás. También veremos que hay recursos que captan la atención y funcionan siempre.

El público te habla sin hablar

«Houston, tenemos un problema». Esa frase, que no se dijo así exactamente, pero que ha pasado a la historia como anécdota dentro del accidentado viaje del Apolo 13, nos sirve de referencia. Hay una luz que siempre está encendida en tu cabina de piloto dado que, si se apaga, ¡tenemos un problema! Esa señal te la dará tu público sin hablarte.

Lo notarás porque perderás su atención, ya no captarás sus miradas, verás bostezos, cabezas hacia abajo iluminadas por la pantalla del móvil, miradas perdidas en sus propios pensamientos, conversaciones con el compañero... A veces estarán pensando en lo que estás diciendo y otras se habrán ido definitivamente a otros lugares en su mente.

Por de pronto, activa desde ya esta señal en tu cabina y, como sabes lo importante que es mirar al público y te vas a atrever a hacerlo, no les pierdas de vista ni un momento.

Ellos son tu termómetro a tiempo real.

¿Qué suele pasar? Que al inicio el paciente está frío como el hielo. Subes al escenario o te colocas en la zona de proyección de la sala y observas miradas inexpresivas y cuerpos de brazos o piernas cruzadas. El primer impacto puede ser doloroso.

Y si no vas preparado, puede que esa primera sensación al mirarles te eche para atrás y ya no levantes el vuelo en todo el viaje. ¿Has tenido alguna vez esa sensación?

Es ciertamente desagradable y tu mente se pone en modo automático: sálvese quien pueda, acabemos cuanto antes. Justo lo que tenemos que evitar.

Es importante que sepas que el ambiente o la energía se contagia. Del orador hacia el público y viceversa.

Recuerda que tú tienes el control y que como piloto de este viaje está en tu mano contagiar al público de la energía correcta para que se encuentren en el estado emocional deseado cuando reciban tus mensajes de impacto (o mensajes clave).

En ocasiones, el público está completamente entregado y cuando intervienes sientes un calorcito maravilloso, una sensación balsámica, de que todo fluye, y la conexión va y viene sin parar.

Vale, vale, Ana, pero ¿y si el ambiente está más frío que mi congelador? Recuerda: puedes más. Eres una persona llena de recursos y es hora de ponerlos a jugar. ¿Qué haces cuando tienes frío? Buscar cómo calentarte, ¿no? Aquí es igual. Solo que eres tú quien con tu pasión, energía y retórica vas a poner fuego en la sala.

A veces también podemos resolverlo con una pregunta directa: «¿Cómo estáis? ¿Por qué estas caras tan serias?».

Recuerdo un acto en el que desde que arranqué a presentar tenía todo el tiempo la misma sensación. Y veía esas miradas planas del público que me desconcentraban sin cesar aunque, por fortuna, la experiencia es un grado y los demás no lo notaban. Por mucha sonrisa que pusiera, ¡nada! El ambiente seguía siendo frío y la actitud, muy a la expectativa. A la tercera intervención, les pregunté directamente qué pasaba y el ambiente dio un vuelco. A partir de ese momento todo fluyó hasta el final.

Esto les sucede mucho a los políticos. No es tarea fácil. El público, además, suele ser docto en la materia: empresarios, representantes de organizaciones colegiales, sindicales, asociaciones, otros partidos políticos, representantes de otras instituciones, periodistas, etc. Y, así pues, su actitud suele ser analítica y crítica.

Si el político de turno no está acostumbrado, con esas primeras intervenciones lo pasará mal, porque percibir ese ambiente hostil no ayuda a ganar confianza y seguridad hablando en público.

Asimismo, es frecuente que le ocurra a los máximos responsables de una empresa con sus empleados. Y cuanto más grande sea la organización, mayor distancia, por lo que la expectativa e incluso la actitud defensiva será mayor.

Es peor si «el jefe» o máxima autoridad solo se dirige a sus empleados una vez al año. La relación es distante y fría, y ese será el ambiente que se encuentre cuando intervenga.

No quiere decir que «el jefe» sea una persona distante, seguramente no lo sea, pero la relación preestablecida sí lo es. Y eso definirá el contexto de la interacción.

Si «el jefe» tiene dotes de oratoria, sabrá cómo darle un vuelco a esa situación y conectar genuinamente con su gente.

Hay muchos ejemplos de líderes que han sido capaces de ir evolucionando su estilo de comunicación hacia uno más abierto, natural y auténtico. Mark Zuckerberg es uno de ellos.

Un gran ejemplo de liderazgo comunicativo cercano y magnético es Satya Nadella, CEO de Microsoft. Cuando Nadella asumió el cargo en 2014, transformó la cultura de Microsoft, enfocándose hacia la empatía y la inclusión. Pasó de un estilo de liderazgo más técnico a uno centrado en las personas, lo que se refleja en su comunicación. El ejecutivo indio habla abiertamente sobre su historia personal, incluida la experiencia de criar a uno de sus tres hijos con discapacidad, lo que le ha permitido conectarse de manera más genuina con empleados y clientes.

Mira cómo comunica, con qué energía, la apertura de su lenguaje y con qué naturalidad y espontaneidad en una de sus primeras entrevistas[15] como CEO.

Por eso la comunicación es tan importante. Supone la argamasa de las organizaciones. Ese hilo invisible que une a las personas en torno a unos mismos valores y propósitos. Y lo ideal es que sea continua y en ambos sentidos.

Depende mucho del talante y valores del emisor del mensaje.

Hay dos cuestiones clave:

1. La comunicación es determinante en el liderazgo.
2. La verdadera comunicación genera reciprocidad.

Por tanto, aunque tu mensaje sea muy importante, tenlo claro: no funcionará si no has generado nada más arrancar un ambiente de atención y conexión. Piensa siempre en tu público: cómo puedes hacerles protagonistas desde el primer momento y cómo pueden sentirse interpelados por el tema del que les hablarás.

Mensaje: es momento de impactar

> Las palabras son un hechizo cargado de futuro.
>
> Irene Vallejo

15. Satya Nadella es un ejemplo de líder empático con una comunicación que conecta y que, por tanto, genera confianza y seguridad, pues también domina su mensaje. Puedes ver aquí una de sus primeras entrevistas: <https://www.youtube.com/watch?v=alx2cLsSjD8>.

Viajemos al siglo XVII, con guantes y mascarilla. Los vamos a necesitar. La peste bubónica, conocida como La Gran Plaga (1665-1666), está arrasando la población inglesa.

Se calcula que más de una quinta parte de la ciudad de Londres fallecerá por esta causa. Se ha extendido por todo el país y aniquilará a cerca de cien mil personas, el equivalente a que una bomba estallase en un abarrotado estadio de Wembley y no hubiera supervivientes.

Buscamos a un genio de la ciencia, a quien le debemos, entre otras cosas, la Ley de la gravitación universal que publicará unos veinte años después de nuestro viaje, el 5 de julio de 1687 en *Principia Mathematica*.

Sir Isaac Newton no se encuentra en el Trinity College. La Universidad de Cambridge ha cerrado sus puertas y ha instado a sus estudiantes a confinarse. Encontramos a Newton en el jardín de su casa materna cuando una manzana está a punto de desprenderse del árbol y precipitarse al suelo, lo que motivará la gran pregunta que solucionará el enigma de la gravedad de las cosas.

La pregunta, que resuena como un eco sin fin en la cabeza de Newton, es: «¿Por qué?». ¿Por qué la manzana cae siempre perpendicular al suelo y no hacia los lados o hacia arriba? Los grandes descubrimientos de la historia de la ciencia siempre han comenzado con un «porqué»; sin embargo, los grandes discursos de la historia tienen otra pregunta como base: «¿Para qué?».

Dejemos al reflexivo Newton en el jardín y viajemos ahora a uno de los mejores y más breves discursos de la historia. Tan solo 272 palabras pronunciadas en el lugar y momento adecuados. Cada frase perfectamente calibrada y cada figura literaria elegida con un único propósito: convencer.

Vemos subir al escenario al presidente norteamericano, Abraham Lincoln, todavía de luto por la muerte de su hijo, pero muy consciente del momento vital que atraviesa el país tras tres años de guerra civil. La guerra de Secesión, el conflicto más sangriento de la historia de Estados Unidos, mantiene divididos a los estados del Norte y del Sur en torno a la esclavitud.

El suelo que pisamos está manchado de sangre. Hace tan solo cuatro meses y medio aquí se ha desarrollado la batalla con más bajas de la guerra. La que, de hecho, marcará el punto de inflexión del conflicto. Y hoy se rinde homenaje a los caídos en el Cementerio Nacional de los Soldados de Gettysburg (Pensilvania).

Hace frío, es 19 de noviembre de 1863, y llevamos más de dos horas de acto. Hace unos instantes ha intervenido con un discurso excelso de más de 13.600 palabras el mejor orador del momento, Edward Everett,[16] reconocido diplomático y académico al que se le pedía que diera grandilocuencia al momento.

La del presidente Lincoln iba a ser y fue una intervención breve para cerrar el acto, pero se convirtió en una auténtica declaración de patriotismo y defensa de la igualdad de Derechos y Libertades que ha perdurado in sécula seculórum. Su-

16. E. Everett (1794-1865), «Gettysburg Address, a machine-readable edition», editado por Bjørn F. Stillion Southard, 2007. *Voices of Democracy*, <https://voicesofdemocracy.umd.edu/everett-gettysburg-address-speech-text/>.

puso, además, un impulso para su reelección un año después.

Al inicio no hubo una gran ovación, ni reconocimiento, pero Lincoln hizo que el discurso corriera por la prensa del momento como si de un discurso viral se tratase. ¡Y *voilà*! Efecto «WOW» conseguido.

Semanas antes de este momento, Lincoln ya tenía muy claro la intención de sus palabras. Y las mensuró hasta instantes antes de subir al escenario:[17]

> Hace ochenta y siete años, nuestros padres crearon en este continente una nueva nación, concebida en libertad y consagrada a la premisa de que todos los hombres son creados iguales.
>
> Hoy estamos abocados a una gran guerra civil que pone a prueba el que esta nación, o cualquier otra así concebida y así dedicada, pueda resistir mucho tiempo. Nos hemos reunido en el escenario donde se libró una de las grandes batallas de esa guerra. Hemos venido a consagrar parte de este campo de batalla como último lugar de descanso de quienes han entregado su vida por la nación. Es plenamente adecuado y apropiado que así lo hagamos.
>
> Pero, en un sentido más amplio, no podemos dedicar, no podemos consagrar, no podemos santificar este suelo. Los valientes hombres, vivos y muertos, que aquí combatieron, lo han consagrado ya muy por encima de nuestro escaso poder para añadir o restarle algo. El mundo apenas advertirá ni

17. <https://www.abrahamlincolnonline.org/lincoln/speeches/gettysburg.htm>.

> recordará mucho lo que aquí se diga, pero no olvidará jamás lo que ellos hicieron aquí. Nos corresponde a nosotros los vivos dedicarnos más bien a completar la obra inconclusa que tan noblemente han adelantado aquellos que aquí combatieron. Nos corresponde ocuparnos de la gran tarea que aún resta ante nosotros: que de estos venerables muertos aprendamos a dedicarnos con mayor ahínco a la causa por la que dieron hasta la última medida de entrega; declarar aquí solemnemente que estos muertos no han perecido en vano; que esta nación, Dios mediante, vea renacer la libertad y que el gobierno del pueblo, por el pueblo y para el pueblo no desaparezca de la faz de la tierra.

Fue Lincoln quien acuñó la expresión: «Del pueblo, por el pueblo y para el pueblo».

Como ves el «porqué» de los muertos no es relevante en este caso, sino «para qué» han muerto. ¿De qué servirá su muerte? Será el renacimiento de la nación bajo los principios de Igualdad y Libertad asentados en la Constitución de los Estados Unidos de América a los que hace referencia Lincoln nada más comenzar.

Cuando vayas a preparar tu discurso o presentación recuerda esto:

Tu mensaje necesita un «para qué».

Tu «para qué»

> La diferencia entre la palabra adecuada y la casi correcta es la misma que entre el rayo y la luciérnaga.
>
> MARK TWAIN

Sin un *para qué* el discurso se vuelve difuso. Es como si condujeras un coche sin dirección o lanzases una flecha sin tener un objetivo. Fácil perderse, divagar o ir hacia todos lados y ninguno. Tu discurso necesita un rumbo.

Si hiciéramos una radiografía, el propósito sería la columna vertebral de cualquier discurso efectivo. Lo que te guía en la construcción de tu mensaje, determina el contenido y la estructura del mismo. Es más, si tu público no percibe que hay una dirección clara y lo detecta pronto, seguro que desconectará.

Recuerda que hoy, a un dedo de distancia, tiene un mundo de posibilidades a su alcance para distraerse mientras oye un blablablá de fondo.

Te doy tres razones de peso para que a partir de ahora no inicies ningún discurso sin un *para qué* claro:

1. El paso esencial:

Imagínate la hoja en blanco y la gran pregunta: «¿Por dónde empiezo?». Antes de comenzar a buscar grandilocuencias del lenguaje, tu primera tarea es encontrar tu propósito específico. Para el profesor Stephen E. Lucas, autor de *The Art of*

Public Speaking,[18] este paso previo es el que te permite enfocar tus ideas y te ayuda a mantener el rumbo de la coherencia a lo largo de la presentación.

Además, el propósito no solo define el «qué» del discurso, sino también el «cómo». Y, atención, el cómo marca TODA la diferencia en un discurso. Es decir, define qué estrategias retóricas y recursos como ejemplos, datos y apelaciones emocionales utilizarás para maximizar el impacto en tu audiencia.

Por ejemplo, recuerdo una formación a agentes de la Policía Nacional y Guardia Civil que acudían a colegios a concienciar sobre el consumo de alcohol y drogas, las bandas o el acoso escolar. Esto sería el «qué», es decir, el contenido a exponer.

El propósito o «para qué» sería concienciar para evitar estas acciones.

Y el «cómo» fue lo que trabajamos en el taller para darle completamente la vuelta. Y pasamos de presentaciones con lenguaje técnico y legal y llenas de textos largos a presentaciones dinámicas con *acting*. En ellas se representan escenas, diálogos y mensajes de casos reales, intercalados con momentos de diálogo con los adolescentes y diapositivas con mensajes cortos, sencillos y muy claros, y todo ello en un lenguaje adaptado a la forma de hablar de los adolescentes de hoy.

Al finalizar, ellos mismos quedaron impresionados con el

18. S. E. Lucas (2002), *The Art of Public Speaking*, McGraw-Hill Inc. Un manual muy práctico de oratoria que lleva más de once ediciones. Stephen E. Lucas, profesor de Artes de la Comunicación en la Universidad de Wisconsin (EE. UU.) ha recibido numerosos premios de enseñanza y es autor de varios libros, entre ellos *Portents of Rebellion*, nominado al Premio Pulitzer.

cambio. Funcionaban tan bien sus presentaciones que todos nos quedábamos atrapados. Cómo cuentes tu mensaje condiciona el binomio atención-conexión, tan determinante para el éxito de tu discurso ahora.

2. Mayor impacto y persuasión

Aristóteles, en *Retórica*, la biblia de los oradores a lo largo de los siglos, ya destacaba la importancia del *telos*[19] o fin último del discurso, que se relaciona directamente con el «para qué». Para ello has de tener claro qué quieres lograr: informar, persuadir, entretener, motivar, etc. Este objetivo será tu guía para estructurar los argumentos, el uso de la evidencia y las emociones a las que apelarás.

Cuanto más claro tengas tu «para qué», más probabilidad tendrás de lograr que tu mensaje persuada y se retenga a largo plazo. Así lo demostró el estudio en la *Journal of Communication*, de Petty y Cacioppo (1986). La investigación validó una teoría de la persuasión basada en el Modelo de Elaboración de Probabilidad[20] (ELM, en inglés). Según este, existen dos rutas principales a través de las cuales las personas procesamos los mensajes persuasivos: la ruta central y la periférica.

19. En la filosofía griega, *telos* se refiere al fin, propósito, meta o causa final de algo. Para Aristóteles, es aquello que se busca por naturaleza y que en el ser humano sería encontrar la felicidad.

20. El modelo ELM es uno de los más importantes en el campo de la persuasión. Su finalidad es comprender el proceso psicológico específico por el que se logra cambiar las actitudes y comportamientos de los sujetos.

Petty, Cacioppo *et al.* (1986), «Central and Peripheral Routes to Persuasion: An Individual Difference Perspective», *Journal of Personality and Social Psychology*, vol 51, n.º 5, 1032-1043.

- **Ruta central**

Procesamiento profundo: Cuando las personas estamos altamente motivadas y tenemos la capacidad de pensar detenidamente sobre el mensaje, analizamos los argumentos presentados de manera crítica y reflexiva. Es decir, cuando les hemos atrapado con nuestro discurso.

Si el mensaje persuasivo es potente y relevante, el procesamiento por la ruta central tiende a producir un cambio de actitud en el receptor más duradero y persistente. Justo el efecto que buscamos lograr.

- **Ruta periférica**

Procesamiento superficial: Sucede cuando no estamos tan motivados o no podemos procesar la información a fondo. Aquí, la persuasión depende de señales periféricas, como la credibilidad del orador, la apariencia, o la cantidad de argumentos en lugar de la calidad. Podemos conquistar con nuestro modo de comunicar, pero no convencemos de fondo con la misma intensidad.

El cambio de actitud producido a través de esta ruta es más temporal y menos resistente a contraargumentos.

Es decir, que si defines bien tu «para qué» y lo comunicas de manera clara y persuasiva es más probable que la audiencia procese el mensaje de manera profunda y generes en ellos un cambio de actitud más fuerte y duradero. Y más aún si logras que tu mensaje y todas esas señales periféricas remen en la misma dirección.

3. Margen de mejora

Como hemos adquirido mentalidad de crecimiento, queremos aprender y medir el éxito de nuestro discurso, lo que nos ayudará a mejorar en los siguientes. Sin un «para qué», ¿cómo sabemos si hemos logrado el objetivo? Si el propósito era vender, el éxito se medirá en cuántas ventas hemos logrado. Si era persuadir, veremos si hemos logrado algún cambio de comportamiento o actitud.

Como señala Nancy Duarte en su libro *Resonate*,[21] un discurso sin un propósito claro no solo corre el riesgo de fallar

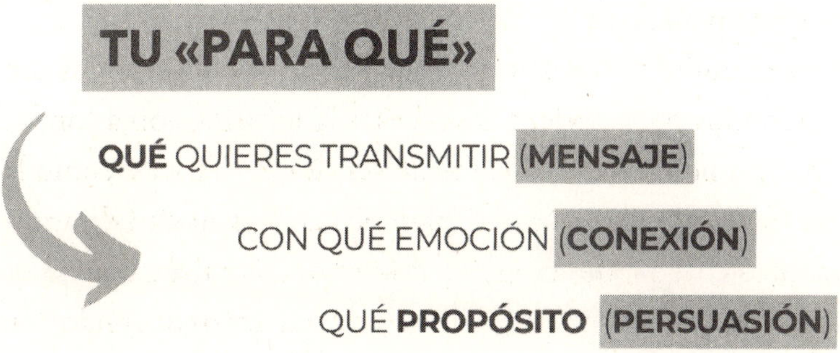

TU «PARA QUÉ»

QUÉ QUIERES TRANSMITIR (**MENSAJE**)

CON QUÉ EMOCIÓN (**CONEXIÓN**)

QUÉ **PROPÓSITO** (**PERSUASIÓN**)

en su ejecución, sino que también hace difícil evaluar su impacto y mejora en futuros esfuerzos. Ese propósito es, ade-

21. Nancy Duarte propone un cambio de paradigma en nuestras presentaciones de forma que el público se convierta en el héroe de nuestra idea y la persuasión se logre a través de la resolución del conflicto que la presentación plantea. Puedes ver también su charla TED «La estructura secreta de los grandes discursos»: < https://www.ted.com/talks/nancy_duarte_the_secret_structure_of_great_talks?subtitle=en&lng=es&geo=es>.

más, fundamental para plantear el conflicto con el que tu público se sienta interpelado.

Por tanto, en tu hoja en blanco debes hallar respuesta a estas tres preguntas clave que nacen de tu propósito.

Quién es quién. El verdadero protagonista

Imaginémonos por un momento qué habría pasado si Abraham Lincoln hubiera pronunciado este otro discurso en Gettysburg:

> (Yo) Estoy aquí hoy ante ustedes porque esta nación, bajo mi liderazgo, debe orientarse hacia una nueva era en la que (yo) creo firmemente.
>
> Habiendo sufrido (yo) los horrores de la guerra, con el cuerpo de mi hijo recién enterrado, (yo) pienso que es mi deber recordarles todo lo que hemos perdido y cuánto es necesario preservar la unión de los estados.
>
> Lo que hoy les estoy diciendo (yo) aquí, será recordado por generaciones.
>
> Este lugar será reconocido por las vidas malgastadas en pro de la división más nefasta que ha vivido jamás esta tierra. Y (yo) confío en que mi visión guiará a esta nación hacia un futuro mejor, porque yo, Abraham Lincoln, he dado y daré lo mejor de mí para que así sea. Que la sangre aquí derramada sea savia de igualdad y libertad para la nueva era.

Si Lincoln hubiera puesto el foco en él y no en el público, unos quince mil asistentes, entre los que figuraban muchos familiares de las víctimas, seguramente le habrían abucheado. Por el egocentrismo de sus palabras y la falta de tacto al hablar de los horrores de la guerra, como si la contienda solo le hubiera golpeado a él.

El «yoísmo» es el mayor error que puede cometer un orador. De hecho, el ego es la mayor tentación para quien llega a disfrutar de las mieles de la oratoria. Algo así como lo que experimenta Frodo Bolsón al colocarse el anillo de poder en el dedo. Ya no vuelve a ser el mismo. Es tremendamente adictivo.

Siempre digo que la comunicación no va de egos, sino de «ellos»: tu público.

Mantén alta tu autoestima y alejado a tu ego.

Darse un baño de masas es una peligrosa vaselina que te puede volver impermeable. El ego es al orador como la ceguera al éxito. Una combinación fatal. Y lo hemos visto a lo largo de la historia en múltiples ejemplos, desde Napoleón Bonaparte a Adolf Hitler. Líderes que encontraron en la palabra su gran arma de persuasión, pero que quedaron cegados por su propia ambición.

Pero no hace falta irse tan lejos, ¡cuántas veces te has arrepentido de comenzar una conversación con una persona por cuya boca solo sale «yo», «yo», «yo»! O has escuchado un discurso que no te decía absolutamente nada porque no estaba enfocado hacia ti, sino en resaltar el gran conocimiento de quien hablaba. O has sentido rechazo al escuchar al CEO de la compañía hablar desde la frialdad de los datos y la lejanía de su cargo.

No creas que estás a salvo de esta tentación. Nos pasa a todos sin excepción. ¡Está incluso estudiado! Hablamos de nosotros mismos un 40 % del tiempo y esto nos genera un placer similar al de la comida o el sexo.

Los investigadores de la Universidad de Harvard utilizaron técnicas de neuroimagen para observar la actividad cerebral de los participantes mientras hablaban de sí mismos en comparación con cuando hablaban de otros temas.

Los resultados mostraron que cuando las personas hablaban de sí mismas, se activaban áreas del cerebro asociadas con el placer y la recompensa, como el núcleo accumbens y la corteza prefrontal medial. Los mismos centros cerebrales que se activan en respuesta a estímulos placenteros, como la comida o el dinero.

Pero este estudio tiene una doble lectura.

Si lo que más nos gusta es hablar de nosotros mismos, ¿qué estrategia podemos utilizar en nuestro discurso para garantizar su éxito? ¡Hablarles de ellos mismos! Aún mejor, busca momentos en tu charla en los que ellos tomen literalmente la palabra. Consigue no solo que se sientan protagonistas, sino que sean protagonistas de verdad.

Del «yo» al «vosotros» y del «usted» al «ustedes». Pasos clave

En todo momento desde que formulas tu inicio hasta tu final, en cada ejemplo, en las historias, en todos los recursos que utilices... ten presente esta máxima: los protagonistas son ellos.

Tienes que hablarles en su idioma, es decir, de todo aquello que les interesa, les preocupa o les duele. Veamos ahora algunas fórmulas de conexión con tu público que funcionan.

Fórmulas de conexión con tu público:

Reformula las conjugaciones verbales. Comprueba que la primera persona del singular (yo) apenas esté presente en tus mensajes. Sustitúyela por la segunda persona del singular (tú), la primera persona del plural (nosotros) o la segunda del plural (vosotros).

Para conquistar su atención tienes que ser capaz de envolverles.

Utiliza expresiones que les integren similares a estas: «¿Sabéis esa sensación en la que...?», «¿Os habéis encontrado alguna vez en esa situación en la que...», «¿Alguna vez os ha llamado el jefe al despacho y...?», «¿Cómo afrontarías o responderías a esta cuestión que me sucedió...?», etc. El foco siempre está en ellos aunque vayas a contar una anécdota personal.

Cuenta historias: Es, sin duda, una fórmula ganadora porque funciona siempre. No en vano, es la técnica estrella de los norteamericanos. Las historias nos atrapan desde tiempos inmemoriales, generan atención y conexión al instante si el orador sabe plantear correctamente el conflicto del héroe, su transformación y la conclusión. Es importante no alargarse en las descripciones, mostrar diálogos y centrarse en la acción. Y lo más importante, saber llevar al público a una moraleja concreta que enlaza con el propósito de nuestro discurso.

Cuanto más consciente seas de que ellos son los verdaderos protagonistas, mejor resultado obtendrás. Porque si fijas la mirada en el otro descubrirás:

√ Cuáles son sus necesidades, problemas y circunstancias
√ Sus intereses y expectativas
√ Su grado de atención
√ Su emoción al escucharnos
√ Su grado de conexión con nuestro mensaje

Un gran ejemplo de mensaje adaptado a su público y escrito desde la perspectiva del «vosotros» es el discurso que Roger Federer pronunció en la Universidad de Dartmouth[22] (Estados Unidos) el 9 de junio de 2024.

> ¡Hola, clase de 2024!
>
> Es una sensación increíble estar aquí con ustedes.
>
> Estoy tan emocionado de unirme a ustedes hoy...
>
> De verdad, no tienen idea de lo emocionado que estoy. Tengan en cuenta que esta es literalmente la segunda vez que piso un campus universitario. La segunda vez.

22. Puedes ver íntegramente el discurso magistral de Roger Federer en la ceremonia de graduación en la que fue nombrado Doctor en Humanidades aquí: <https://www.youtube.com/watch?v=pqWUuYTcG-o&ab_channel=Dartmouth>.

> Pero por alguna razón, me están dando un doctorado.
>
> Solo vine a dar un discurso, pero me voy a casa como «Dr. Roger». Eso sí que es un buen bonus.
>
> «Dr. Roger». ¡Esta tiene que ser mi victoria más inesperada!

Roger Federer mantuvo este mismo estilo durante todo el discurso y lo enfatizó de nuevo en su conclusión para elevar el *pathos* o la emocionalidad. Fíjate cómo su cierre está lleno de alusiones al «nosotros» y al sentimiento que les une en ese día de graduación. Un día que pasará a la historia en sus vidas, incluida la de Roger Federer, según sus propias palabras:

> Dartmouth, ha sido un honor increíble para mí.
>
> Gracias por el título honorífico. Gracias por hacerme parte de vuestro gran día.
>
> Me alegro de haber podido conocer a tantos de vosotros estos últimos días. Si alguna vez estáis (vosotros) en Suiza o en cualquier otra parte del mundo, y me veis por la calle... incluso dentro de veinte o treinta años... tenga canas o no... quiero que me paréis y me digáis... «Yo estaba allí ese día en el Green. Soy miembro de tu clase... la clase de 2024».
>
> Nunca olvidaré este día, y sé que vosotros tampoco.
>
> Habéis trabajado muy duro para llegar hasta aquí, y no os habéis dejado nada en la cancha... o en la mesa de ping-pong.
>
> De un graduado a otro, estoy deseando ver lo que hacéis (vosotros) ahora.

Sea cual sea el juego que elijáis, dad lo mejor de vosotros.

A por vuestros golpes. Jugad libremente. Probadlo todo. (vosotros)

Y sobre todo, sed amables los unos con los otros... y divertíos ahí fuera.

¡Felicidades de nuevo, clase de 2024!

Es así. Un discurso debe estar escrito desde el *vosotros*. Su «yo» se difumina en «ellos» para construir un «nosotros» en el que resulta más fácil depositar los mensajes y persuadir o conmover a la acción o convicción deseada de forma más sencilla, efectiva y duradera. Las *tennis lessons* de Roger Federer ya son lecciones de vida compartidas.

Código secreto CCS (Corto, Conciso, Sencillo)

> Lo que falta a los oradores en profundidad os lo dan en longitud.
>
> MONTESQUIEU

¿Recuerdas los nervios que sentías segundos antes de que dijeran tu nombre en la gala de entrega de premios, sentado en tu butaca? Más o menos los mismos que debieron sentir los nominados a Mejor Actor de Reparto en la Ceremonia de los Oscar de 1991.[23]

La estatuilla estaba muy reñida y la cosa iba de gánsteres. Son los años estrella de *El Padrino*. En la gran pantalla del

23. Puedes ver este anecdótico discurso aquí: <https://www.youtube.com/watch?v=O0Q_nyjuEak&ab_channel=Oscars J>.

auditorio de Los Ángeles, donde se desarrollaba la gala, salieron los rostros de los nominados. Eran: Andy García, hijo ilegítimo de «Sonny» Corleone y uno de los actores de la tercera entrega de esta célebre trilogía protagonizada por esa familia mafiosa. En la pantalla un sonriente Al Pacino, quien interpreta al jefe de la organización criminal de Big Boy Caprice en la película *Dick Tracy*.

Graham Greene con rostro gélido y serio, de esos que delatan que la procesión va por dentro, el indio por excelencia en las películas hollywoodienses; en este caso, el líder sioux de *Bailando con lobos.* Bruce Davison, quizá menos conocido pero también expectante, quien opta al galardón por *Compañeros inseparables*, que relata los primeros años de la epidemia del sida.

Y en el medio de los cinco nominados en pantalla, el pequeño gran Joe Pesci, muy conocido por su papel de ladrón en *Solo en casa* y que puede ganar el premio por su papel de mafioso en *Goodfellas.*

Y llega esa frase: «And the Oscar goes to... Joe Pesci!».

El público esperaba un discurso con agradecimientos a sus compañeros de reparto, al director y a su familia. Sin embargo, Pesci sorprendió a todos con uno de los discursos más cortos en la historia de los Oscar. Se acercó al micrófono y simplemente dijo: «Ufff. Es un privilegio. Gracias».

Luego, se retiró del escenario sin más palabras. ¡Su discurso duró apenas cuatro segundos! En la rueda de prensa posterior reconoció que no se había preparado ningún discurso porque «me había preparado para no ser el ganador, lo cual es una cosa terrible».

Y aquí está la cuestión. ¡No tan corto! Las cuatro palabras de Joe Pesci supusieron una de las anécdotas de la noche, pero no creo que a él le hiciera gracia en los resúmenes del día siguiente...

Entonces, Ana, ¿cuánta tijera he de meter? Como no hay una regla escrita siempre me rijo por los tiempos que asigna la organización o el sentido común. Sí, el menos común de los sentidos. Por eso te digo. No hagas como Fidel Castro, el líder cubano conocido por sus interminables discursos. En una ocasión, ante la Asamblea General de las Naciones Unidas, dijo que sería breve... ¡Y habló durante cuatro horas!

Ni tan corto ni tan largo. Lo ideal es que dejes unos minutos libres por si acaso. Mi máxima es: «Lo bueno, si breve, dos veces bueno», como dijo Baltasar Gracián.

O como diría el autor de *El Principito*, Antoine de Saint-Exupéry, «La perfección se logra no cuando no hay nada más que añadir, sino cuando no hay nada más que quitar».

Pasa siempre la tijera. Cuanto más corto, conciso y directo, mayor impacto. Siempre que tu mensaje sea claro y esté bien organizado.

Lo cierto es que hoy es impensable asistir a discursos o conferencias que vayan más allá de los ciento veinte minutos. Lo habitual suele estar entre los noventa y los cuarenta y cinco. Y ya hay congresos o foros en los que piden a los ponentes intervenciones de tan solo quince minutos. En ese tiempo se pueden decir muchas cosas o nada, porque quince minutos ¡pasan volando!

- Es más fácil impactar en segundos que en horas.
- Es más difícil construir un mensaje de diez segundos que uno de cien minutos.
- Un buen mensaje es como el perfume, solo necesitas unas gotas para embriagar.

Harold Wilson, ex primer ministro británico, decía: «Preparar un discurso de diez minutos me cuesta dos semanas; un discurso de una hora, una semana, y un discurso de dos horas lo puedo improvisar en cualquier momento».

Hoy lo podríamos llevar al mundo de las redes sociales y diríamos que: «Preparar un guion de un *reel* de treinta segundos me cuesta dos semanas; un vídeo de YouTube de diez minutos, una semana, y un directo de Instagram de una hora lo puedo improvisar en cualquier momento».

Cuanto más largo es el discurso, más fácil es divagar e irse por las ramas. Y al contrario, lograr impacto con un mensaje **Corto, Conciso, Sencillo** es muy complicado.

Hoy, la creación de contenidos se ha vuelto tan exigente y creativa que impactar es cada vez más difícil. Necesitas un *hook* o gancho inicial realmente bueno para detener el *scroll* y un guion claro y bien estructurado para tan solo treinta segundos.

Por eso, cuando vayas a intervenir en público, tenlo claro: el cronómetro de la atención es muy tirano.

En mis cerca de veinte años en televisión he visto cómo la tijera ha ido recortando las intervenciones que se emiten en antena. De declaraciones de hasta cuarenta y cinco segundos a menos de diez. Hoy incluso hay cortes que no superan los ocho segundos en la radio o la televisión.

La atención es el verdadero artículo de lujo y ya no resistimos discursos *sine die*. Debes convertirte en perfumista de palabras. No necesitas el bote entero, con un par de gotas es suficiente. El secreto no está en la cantidad de páginas o *slides* de tu discurso o presentación, sino en la formulación maestra de los ingredientes para que logren su efecto.

Einstein decía que todo debe hacerse «más sencillo, pero no más simple». Por tanto, no se trata de que diluyas la potencia de tu mensaje o su complejidad, sino que lo trabajes de forma tal que al presentarlo ante tu público este pueda procesarlo fácil y rápidamente.

Es decir, el trabajo duro es para ti que has de ser capaz de traducirlo o desmenuzarlo para ellos. Cuanto más concreto y «aterrizado» esté tu discurso, mayor garantía de éxito en la atención y retención de tu audiencia.

¿Existe una fórmula mágica? ¿Una suerte de poción cuyos ingredientes unidos logren el mágico efecto de atrapar la atención y conmover al mismo tiempo?

El cóctel perfecto

La neurociencia nos dice que necesitamos tres ingredientes fundamentales:

1. **Dopamina:** Un neurotransmisor fundamental en el cerebro que desempeña un papel decisivo en el sistema de recompensa, la motivación y la memoria. Es la base de nues-

tro cóctel. Se activa cuando recibimos un mensaje claro y directo, en especial si es novedoso o emocionante.

Y es que el cerebro está programado para buscar patrones y recompensas, por lo que si recibe un mensaje corto, directo y con sorpresa positiva activa fuertemente el sistema de recompensa. Esta liberación de dopamina refuerza la conducta de atención y retención del mensaje, facilitando que se active la memoria a largo plazo. ¿Por qué? Porque la dopamina actúa sobre el hipocampo, una región clave del cerebro para la formación de nuevos recuerdos. Por consiguiente, no solo refuerza la memoria del contenido recibido, sino que también motiva al receptor a prestar más atención y recordar el mensaje en el futuro.

2. Oxitocina: La oxitocina, también conocida como la «hormona del amor» o «químico de la empatía», fomenta sentimientos de confianza, compasión y empatía. Sería ese toque dulce de nuestro cóctel. Se libera cuando los mensajes apelan a la emoción, en particular aquellos que son simples y evocan empatía, como las historias o anécdotas personales.

La oxitocina también tiene un papel importante en la formación de la memoria, de manera especial en la creación de vínculos emocionales con la información recibida. Por eso la combinación de dopamina y oxitocina es tan efectiva para la retención del mensaje.

Además, la liberación de oxitocina hace que las personas se sientan más conectadas emocionalmente con la historia y con el orador de forma que aumenta la probabilidad de ser persuadidos o conmovidos hacia una determinada acción.

3. Adrenalina y noradrenalina: En situaciones de tensión o emoción, como cuando un mensaje conciso trae una revelación importante o emocionante, como cuando se produce un giro inesperado en la historia o añadimos tensión, un momento álgido en la presentación. Entonces, se liberan adrenalina y noradrenalina. Estas hormonas aumentan el estado de alerta y también potencian la consolidación de recuerdos en el cerebro. Nuestro toque amargo y picante.

Y es que la adrenalina y la noradrenalina mejoran el enfoque y la concentración, haciendo que la audiencia esté más atenta a lo que estás diciendo. También son potenciadoras del sabor de tu cóctel. La información que se recibe bajo los efectos de adrenalina y noradrenalina tiende a ser recordada mejor, porque el cerebro la percibe como importante para la supervivencia o el bienestar. Y como potencian la emoción del momento también mueven más a la acción.

¡Tachán! Casi tenemos la fórmula mágica. Ahora solo falta saber calibrar bien los ingredientes porque, si te pasas, arruinarás el cóctel...! ¡Sin presión, ¿eh?!

Yo lo tengo claro. Si Einstein lograba que se comprendiera la teoría de la relatividad, lo que nos sobran son excusas y nos falta creatividad.

Porque la sencillez es sinónimo de inteligencia. Si sabes traducir tus ideas en mensajes sencillos con metáforas o ejemplos fáciles de comprender, entonces, ¡manejas el código Corto-Conciso-Sencillo!

Volvamos a la historia de Newton y la manzana. ¿Sabes que la manzana realmente no cayó sobre su cabeza? Hay fuentes incluso que dudan de si hubo o no manzana...

Ahora bien. En su casa natal, donde estaba confinado, sí había un manzano que aún hoy se puede visitar. A Newton le gustaba mucho pasear por el huerto y, ciertamente, era un tipo observador.

¿Cómo podría explicarse su teoría de una manera gráfica, rápida y sencilla? ¿El ejemplo de una manzana cayendo podría ser acertado? ¿Y si para hacerlo más gracioso hacemos que le caiga en toda la cabeza?

Voilà! Ya tenemos un magnífico CCS para explicar el fenómeno de la gravedad. Y si lo extrapolamos a la Luna y nos preguntamos: «¿por qué la Luna no cae sobre nuestras cabezas?», ya tenemos la Ley de gravitación. Las formulaciones matemáticas las dejamos para los doctos en la materia.

Para concluir este bloque creo que puede serte de gran ayuda el método de los hermanos Chip y Dan Heath,[24] autores de los tres libros best seller del *New York Times*: *Made to Stick*, *Switch y Decisive* y que en 2007 investigaron por qué algunas ideas se vuelven inolvidables y otras desaparecen rápidamente.

Para ellos la clave está en la simplicidad unida a la emoción, muy en la línea con lo aquí tratado, y que ellos llevaron a un modelo propio denominado *SUCCES* para crear ideas o mensajes que «peguen», esto es, que sean memorables y persuasivos:

24. La trilogía escrita por estos hermanos recoge diez años de estudio sobre el comportamiento humano. Además del modelo SUCCES presente en el libro *Made to Stick*, los libros también ofrecen estrategias prácticas como la «teoría del velcro de la memoria» o las «brechas de curiosidad».

Simple: Simplicidad
Unexpected: Inesperado
Concrete: Concreto
Credible: Creíble
Emotional: Emotivo
Stories: Historias

Este modelo se basa en trabajar una idea para que sea presentada de forma simple, con factor sorpresa, concreta, creíble, emocional. Y para ello, la mejor manera es presentarla como una historia que maximice su impacto y retención. Por eso, los norteamericanos son los maestros del *storytelling*. Y de la persuasión.

Cómo hacerlo memorable

Tan terrible es no decir nada por miedo a meter la pata, como Joe Pesci en los Oscar, como hablar sin llegar a ningún lugar.

Recuerdo otra entrega de premios en la que era la presentadora. Y a una de las ganadoras le ocurrió lo mismo. No es que no esperase ganar, es que no se había preparado su discurso. Lo curioso es que en la apertura de la ceremonia y para distender el ambiente, preguntaba a algunas nominadas diferentes cuestiones. Dada su trayectoria profesional en la élite deportiva, le pregunté qué aconsejaba a las nominadas noveles: prepararse un discurso o improvisar. Ella respondió que lo segundo, sin saber que minutos después subiría al escenario para decir unas palabras que pasaron sin pena ni gloria entre el público. No logro recordar nada de lo que dijo porque nada estaba construido para ser memorable.

Y es que, efectivamente, hay formas de lograr que tu mensaje se vuelva memorable. Es decir, recordable.

MEMORABLE = RECORDABLE

Y para ello necesitamos que nuestro mensaje cumpla estas características:

- REPETIDO: Era la mejor estrategia de Winston Churchill. De hecho, literalmente su consejo era el siguiente: «Golpea y golpea de nuevo, como un martillo pilón». No por decirlo más veces es más cierto, pero sí más convincente. Es así. Tus discursos deben incluir mensajes claves repetidos al menos tres veces: al inicio, en el desarrollo y al final de tu intervención. Idealmente, repite cada idea clave antes de cada bloque y al cierre de estos.
- CON SENTIDO: Es decir, coherente con el estilo y el hilo del discurso. Hay monólogos sin sentido con todo el sentido y discursos sin ningún sentido. Es así. Juega con el humor, con contrasentidos, con ironías, pero nunca pierdas la coherencia del mensaje. Tu *ethos* o credibilidad depende de ello. Para Aristóteles, la argumentación que era el pilar de un discurso, debía estar construida con mensajes veraces, entendibles y convincentes. Aquí te aconsejo usar los tres sentidos:

- Sentido común: Calibra cada mensaje en tu discurso. ¿Es bueno? ¿Es útil? ¿Es cierto? Estas tres preguntas socráticas son buenos filtros para tu mensaje. O dicho de manera sutil: ¡piensa antes de hablar! ¡Cuántos errores se evitarían si aplicásemos este hábito!
- Sentido del humor: La mejor receta para conectar, empatizar y caer bien a tu público. Es tan necesario y estratégico que dedicaremos un capítulo a ello.
- Sentidos: Si tenemos cinco sentidos, ¿porque solo empleamos dos al hablar en público? Recuerda que el olfato es un poderosísimo evocador de emociones y que el tacto nos transporta al mundo de las sensaciones. Se usan muy poco en los discursos y presentaciones y, sin embargo, son muy efectivos. Las experiencias son parte fundamental del proceso porque se interiorizan de manera más intensa y hacen que el espectador lo viva en primera persona. Además, con las palabras puedes evocar todos los sentidos. Utilízalas.

- GENEROSIDAD = DA: Nunca dos letras han dicho tanto en tan poco. Da valor. Es innegociable. Obtener el privilegio de la escucha pasa por dar a tu audiencia algo que sea de su interés y que les afecte personalmente. Cuanto más personalizado, mejor. Cuanto más valor, más atención. Cuanta más atención, más retención. Cuanta más retención, mayor ovación. Es así.
- BREVE: ¿Recuerdas eso de «Lo bueno, si breve dos veces bueno»? ¡Cuántos discursos se han desperdiciado por hablar de más! Y lo vas a comprender enseguida.

¿Sabes ese momento en que te pillan haciendo algo que no deberías o estás nervioso y, cómo no sabes qué decir, empiezas a hablar de más y te delatas a ti mismo? ¡Pues eso, pero con un micrófono delante! Lograrás el mismo efecto, desconfianza, apatía o risas. Que no sé qué es peor. No es lo mismo hacer reír que se rían de ti.

Tampoco hay nada peor que decir: «Seré breve». ¡Horror! ¡Todo el mundo empieza a bostezar, digo, a temblar!

Conclusión: Calcula tu tiempo, tus mensajes con sus pausas incluidas y ¡controla las *slides*! ¿Seguro que necesitas todas esas diapositivas? Métete en la piel de *Eduardo Manostijeras* y déjale actuar en tu obra maestra.

Juega con las palabras

> Si deseas ser un líder, necesitas ser el amo de las palabras.
>
> ROBERT KIYOSAKI

Uno de los discursos que más he disfrutado como periodista es el de Irene Vallejo al recibir el Premio Aragón 2021,[25] que

25. La filóloga y escritora española es reconocida con el máximo galardón institucional de su tierra natal, la Comunidad Autónoma de Aragón. Puedes ver su discurso tras recibir el Premio Aragón 2021 aquí: <https://www.youtube.com/watch?v=5R9lXF_MLEI&t=2452s&ab_channel=CortesdeArag%C3%B3n>.

coincide con el Día del Libro y de San Jorge, patrón de esta región española.

Un discurso que es una oda a las palabras y a la historia de su tierra natal, Aragón, confeccionado con tanto talento que es imposible no quedarse embelesado con esta deliciosa forma de unir palabras jugando con todos los recursos retóricos que Vallejo, autora de *El infinito en un junco*, domina a la perfección.

Así, para decir gracias utiliza esta bella imagen: «Hoy, me gustaría encontrar en la biblioteca secreta de un antiguo palacio un diccionario que albergara mil formas posibles de expresar gratitud».

Y continúa con una contraposición y después una aliteración: «Gracias [...] por haber contemplado mis posibilidades más que mis realidades, por premiar la esperanza más que la experiencia».

Para concluir, continúa con el juego de palabras: *lector-elector* o parlamento-parlanchín y la hermosa metáfora de las *leyes* como un *tapiz* que nos retrata como sociedad:

> Y para cuidarnos, unas a otros, protejamos la conversación común y el lenguaje, esta fabulosa herramienta con que edificamos hallazgos tan felices como los derechos, la justicia y la democracia, que son palabras mayores. Durante la terrible peste de Atenas, Pericles construyó sus mejores discursos ensalzando la ayuda mutua.
>
> No es extraño que de la palabra lector derive el término elector: nuestras decisiones se sostienen en las letras, los discursos, el diálogo compartido. Tal vez por eso, llamamos

> parlamento al espacio parlanchín de la palabra, el lugar donde se celebra esa sorprendente ceremonia que engendra los debates y las leyes, los textos que hilan el tapiz de lo que somos.

Sí. Las palabras son la magia de tu mensaje. El paisaje en el viaje. El pincel con el que retratas tu «para qué». Y con el que creas tu propio estilo personal.

Las palabras no son buenas, ni malas. Son solo palabras, hasta que les damos una dirección e intención.

Ciertamente hay quien critica la retórica como el arte de unir palabras sin decir nada. Pero más que retórica eso es charlatanería. Siempre habrá quien le guste hablar por hablar o hable por el gusto de escucharse. Pero no es ahí hacia donde quiero llevarte, sino hacia una retórica bien enfocada que se convierte en la mejor forma de expresar el SER y, ciertamente, en una poderosa herramienta de diferenciación y persuasión. Además, jugar con las palabras es la mejor forma de conseguir el cóctel perfecto de atención y retención.

Porque al cerebro le gusta deleitarse con las palabras que suenan bien, pero que no son tan complejas como para detenerse en entender.

Aquí está el quid de la cuestión. Huye de tecnicismos y elige palabras sencillas que jueguen con los significados, sonidos o repeticiones. Palabras con las que sea fácil y rápido unir conceptos.

Para ello te puede ayudar mucho utilizar campos semánticos, metáforas con las que puedas explicar los conceptos más complejos y hacerlos comprensibles con solo nombrarlos.

Jesús de Nazaret probablemente sea el mayor maestro de la metáfora. ¿Cuántas veces recoge la Biblia sus comparaciones con el pastor que cuida del rebaño o el labrador que ara el campo y la semilla que germina?

Podríamos definir la metáfora como el poder de crear imágenes mentales. Como cuando habla de la puerta estrecha y el camino angosto del Reino de los Cielos.

«Entrad por la puerta estrecha; porque ancha es la puerta, y espacioso el camino que lleva a la perdición, y muchos son los que entran por ella. Pero estrecha es la puerta, y angosto el camino que lleva a la vida, y pocos son los que la hallan». Mateo (7:13-14)

Pero, Ana, ¿de verdad es TAN importante?

Es absolutamente trascendental. Aquí reside la diferencia entre el buen comunicador y el comunicador mediocre. Entre quien lo dice de la manera convencional y el que se atreve a dar un doble salto mortal. Si buscas ese efecto «WOW», no vale solo con cuidar tu postura y tu mirada.

Es la palabra la que marca la diferencia.

Porque las palabras son evocadoras y despiertan imágenes y emociones, si las sabes emplear. Y, como hemos visto, la neurociencia ya ha demostrado que, cuando leemos o escuchamos palabras que describen acciones o sensaciones, el cerebro activa áreas asociadas con esas experiencias. Y se recuerdan más.

Veámoslo a través de distintos ejemplos. Si en lugar de decir: «Era un día soleado», dices: «Era una jornada de calor incesante bajo un sol radiante» estás pintando una imagen más vívida y sensorial.

Por tanto, si has de elegir, busca siempre palabras que despierten los sentidos o que creen un lenguaje poético que provoque una respuesta emocional más profunda y duradera.

Y en este caso, aprendamos de un gran maestro de pluma ingeniosa y poética como fue William Shakespeare. Cualquier obra suya es una joya literaria, pero vayamos a un ejemplo concreto. En *Mucho ruido y pocas nueces* pone en boca de Beatriz, personaje femenino fuerte, ingenioso e inteligente, esta metáfora visual cuando su tío Leonato le dice que espera verla algún día provista de esposo:

> No será en tanto Dios no haga a los hombres de otra sustancia distinta a la tierra. ¿No es desesperante para una mujer el verse dominada por un puñado de polvo valiente y tener que rendir cuentas de su vida a un terrón de cieno petulante? No, tío; no quiero a ninguno. Los hijos de Adán son mis hermanos; y, francamente, tendría por pecado buscar un esposo en mi familia.[26]

Estoy segura de que tu mente ha unido rápidamente la imagen de la ceniza de «Polvo eres y en polvo te convertirás» (Génesis 3:19), con la figura del hombre con la que la ácida ironía de Beatriz lo relaciona.

Busquemos otro ejemplo, esta vez en *El mercader de Venecia* en una metáfora sobre la misericordia:

26. William Shakespeare, *Mucho ruido y pocas nueces* (acto 2, escena 1).

La cualidad de la misericordia no es forzada;
cae como lluvia suave del cielo
sobre la tierra: es doblemente bendecida,
bendice tanto a quien la da como a quien la recibe.[27]

¡Qué agradable imagen sensorial: la lluvia suave del cielo! Seguro que la has experimentado alguna vez recibiéndola con los brazos abiertos y los ojos cerrados. Muy distinto sería hablar de un chaparrón de misericordia. Un completo contrasentido, porque la misericordia no puede ser ruda o forzada. Y tampoco puede imponerse pues es una cualidad que fluye del corazón, como el agua de las nubes.

El humor también se presta a muchos juegos de palabras. Los literatos siempre han disfrutado con los usos retóricos: «Entre el clavel blanco y la rosa roja, Su Majestad escoja».[28]

Otros maestros son los míticos cómicos Les Luthiers, que en *La comisión* juegan así con el himno nacional que unos políticos corruptos quieren cambiar:

«Y, para finalizar, el broche de oro de este acto;
entonemos juntos el nuevo final de la canción patria
que anuncia a las generaciones venideras el futuro que
[les negamos...
¡Que les legamos*!,*
junto con la humilde certeza de haber hecho siempre
[lo corrupto...
*¡*Lo correcto*!».*

27. William Shakespeare, *El mercader de Venecia* (acto 4, escena 1).
28. Francisco de Quevedo y Villegas (1580-1645).

¿Por qué son tan efectivos estos juegos de palabras? Porque son inesperados y creativos, y despiertan el sistema de recompensa. Son fáciles de recordar para ti y para el público. Además, añaden ese toque de humor tan necesario en cualquier intervención.

Y es que no es lo mismo decir:

- «Estoy en forma» que «en forma redondeada».
- O «Éxito rotundo» que «exceso de tono rudo».
- «Reunión estratégica» que «reunión donde todos asienten estratégicamente».

Los juegos de palabras enfatizan y convencen mucho más rápido porque van directos al hemisferio derecho y al hipocampo.

Si sabemos que una misma idea se puede transmitir de mil formas distintas, obviemos las aburridas y tratemos de buscar la chispa en nuestro mensaje. Ese momento «eureka» en la mente de tu público.

Ciertamente no es necesario que todas las palabras rimen, tengan paralelismos o retruécanos. Pero quiero que sepas que hay cantidad de figuras retóricas de las que puedes echar mano en cualquier momento y que serán la sal en tu discurso.

Además, hoy contamos con un aliado. Ya no hace falta ser académico de la Lengua para impactar. Puedes pedirle a la Inteligencia Artificial que construya mensajes de impacto que incluyan juegos de palabras, definiendo bien la intención y el contexto. Como poco puede darte muchas pistas para acertar. Eso sí, recuerda: <u>tú le pones el toque de originalidad y autenticidad</u>.

Y, por supuesto, puedes entrenarte en este arte. El primer paso es leer, mucho. Es la forma más rápida de enriquecer tu léxico. Pero también puedes ver monólogos, charlas TED, conferencias... Te ayudarán a descubrir el potencial de la oratoria en tu vida ordinariamente extraordinaria.

¡No te falta conocimiento, te faltan palabras! ¿Recuerdas cuál era uno de los mayores miedos de hablar en público? El más común y repetido, quedarse en blanco tiene su antídoto en el enriquecimiento del léxico.

Fíjate en este dato: setecientas cincuenta palabras —¡no más!— son las que necesita cualquier persona para comunicarse con quien sea en español. ¿Te sorprende el dato? ¿Solo setecientas cincuenta palabras de un idioma con alrededor de cien mil y que, en todo el planeta, hablan más de cuatrocientos cincuenta millones de seres humanos?

Me parece un dato apabullante: ¡cuántas palabras nos quedan por conocer! ¡Cuántas palabras para enriquecer y sorprender en nuestras intervenciones!

Pero aún más increíble, ¿sabes cuántas palabras maneja un adolescente medio hoy? Según cálculos de la Real Academia Española de la Lengua actualizado en 2010, mientras un ciudadano medio utiliza más de mil palabras del español para comunicarse cotidianamente, los jóvenes usan ¡poco más de doscientos cuarenta vocablos! Es decir, utilizan un 0,03 % de las posibilidades que el español les ofrece.

Es como si pudiendo tomar el trozo más grande del pastel nos conformásemos con las migas del plato. No tiene sentido, ¿verdad?

El español es el tercer idioma más hablado del mundo

después del inglés y el chino mandarín y en cuanto a número de palabras se sitúa en el top 5:[29]

1. Árabe: 12 millones de palabras.
2. Alemán: 500.000 palabras.
3. Ruso: 150.000 palabras.
4. Portugués: 110.000 palabras
5. Español: 93.000 palabras

Así que, este es el nivel. Por ello, aprender a jugar con las palabras te situará en posición de ventaja y te diferenciará.

Ahora bien, no se trata de ponerse eruditos. No trates de realizar muchos tirabuzones retóricos, porque con mucha seguridad tu público no los entenderá. Recuerda: no es lo mismo un mensaje escrito que oral.

Las palabras se las lleva el viento y sabiendo el terreno de juego en el que nos encontramos, pónselo fácil, sin dejar por ello de jugar.

Aquí es importante crear campos semánticos unidos a la intención de tu mensaje.

Según la intención de tu mensaje, conviene utilizar determinadas palabras. Por ejemplo, si tu propósito es motivar, busca palabras evocadoras e inspiradoras.

Por ejemplo, no es coherente decir que quieres motivar y enunciar todo en negativo o con palabras que no encajan en ese contexto como «hilarante», «ilusorio», «fingido», etc. Las palabras que elegirás probablemente girarán en torno a tér-

29. Fuente: *Atlas of the World's Languages in Danger*, UNESCO.

minos similares a «inspirar», «ilusionar», «fortaleza», «debilidad», «éxito», «desafío», «problema», «oportunidad», «capacidad», «esperanza», etc.

En resumen, nuestras palabras pueden ser duras y secas o cálidas y estimulantes. Pueden volverse un dardo envenenado o una caricia aterciopelada. ¡Pueden ser lo que tú quieras! Recuerda: ¡las palabras construyen mundos! ¿A qué mundo quieres transportar a tu público cuando hables?

El truco de los grandes oradores

> No te tomes la vida demasiado en serio. No saldrás de ella con vida.
>
> Elbert Hubbard

Ya estás sobre el escenario con el discurso sobre el atril y el auditorio espera tus palabras. ¿Qué ves? La imagen es algo así como muchos ojos fríos y fijos en ti que no dicen nada y brazos cruzados en señal de espera, a ver si lo que van a escuchar les interesa o vuelven a su pantalla de móvil...

No es fácil ese momento. A uno se le puede hacer un nudo en la garganta, porque ese ambiente influye en nuestro estado de ánimo. Pero ¡tengo el mejor remedio! El más rápido y efectivo... Si te atreves.

Ese que usan los mejores conferenciantes y artistas. ¿Sabes cuál es? Sin ninguna duda, es el humor.

Piensa un momento en los programas de mayor audiencia

en tu país. ¿Quiénes los lideran? Efectivamente, cómicos y humoristas.

En el momento en el que escribo estas líneas hay dos claros referentes en España: Pablo Motos y David Broncano, que cada día luchan por la audiencia en el *prime time*. Ahí está también *The Tonight Show*, hoy dirigido y presentado por Jimmy Fallon, el *talk show* más famoso de Estados Unidos. Lleva en el aire 52 temporadas y es el programa de televisión más visto en todo el país en el horario de *late night*.

¿Qué le ha hecho sobrevivir frente a viento y marea, a cambios políticos y sociales? El humor, sin ninguna duda.

Es más, fijémonos en las redes sociales. Las cuentas con más seguidores, las que acumulan más *likes* y compartidos, las métricas por excelencia hoy día, son precisamente las cuentas de humor.

¿Y sabes cuál es la buena noticia? Que puedes aprender mucho de ellas. Cuando quieres aprender de alguien, ¿qué haces? Fijarte en los detalles, ¿verdad? Cómo lo hace, cómo logra esos resultados, qué estrategias utiliza, cómo cuenta las cosas. Una estrategia que puedes implementar ya mismo es empezar a consumir más contenido de humor, sea en YouTube o en Instagram.

Y si no eres una persona graciosa, pero quieres aprovechar los efectos del humor en tus presentaciones, siempre puedes utilizar un vídeo gracioso como apoyo. Es un recurso tan poderoso que no utilizarlo es como renunciar a ir en un Ferrari porque tu coche es un clásico. ¡No son rivales, son complementarios!

El humor no necesariamente ha de llevar a la risa, ni a la sonrisa siquiera, el humor cumple con su tarea «solo» con mostrarnos que pueden verse las cosas de formas muy diferentes a las acostumbradas, porque si algo logra el humor es separarnos de lo rutinario y hacer de cicerone por lugares nunca sospechados.

Ángel R. Idígoras

Pasan los dramas, siempre nos queda el humor

Es más, incluso en el drama, también funciona el humor. Una de las películas más hilarantes que recuerdo es precisamente *Un funeral de muerte*. El director, productor y guionista español, Álex de la Iglesia, asegura que «no hay nada más divertido que cuando ocurre algo inesperado en un funeral, porque en una situación trágica es cuando uno tiene más ganas de reírse: eso es el humor, lo inesperado».

Por tanto, tratemos al menos de buscar crear ese efecto insospechado, imprevisto en nuestro discurso o presentación. El humor es siempre el mejor antídoto si nos ocurre algo inesperado en el escenario: se nos apaga el ordenador, no funciona el pase de diapositivas, se rompe un foco...

Recuerdo una vez en el que sufrí semejante ataque de risa en directo que al editor solo se le ocurrió decirme por el pinganillo: «Ana, el director general está viniendo hacia aquí». Estaba presentando las noticias a nivel nacional y mientras se reproducía un vídeo, entró en el plató la entrevistada. Se colocó a mi lado y al apoyar sus posaderas en el asiento, la silla se bajó totalmente, quedando a la altura de Pitufina y mirándome con cara entre susto y risa. Al cabo de un segundo, tenía que dar paso a la siguiente noticia.

Yo solo podía ver la cara de chiste de la mujer que trataba de no reírse por respeto. Total, que empezaba la frase y no lograba acabarla. A la tercera intro y ya muerta de la risa escucho a mi editor con voz muy grave: «Ana, el director general está viniendo hacia aquí».

Aún recuerdo cómo se me paró la risa de golpe y se disparó el cortisol. Una mentira corta y efectiva. Al editor no le hizo tanta gracia, pero años después —esto ocurrió en mis inicios en la televisión— es una de esas anécdotas que perduran en la memoria.

Sí, la risa es la mejor medicina contra todos los males. La ciencia lo ha demostrado. Una buena dosis de humor incrementa el flujo sanguíneo hasta en un 22 %,[30] lo que es comparable a los efectos del ejercicio moderado. Mejora la función cardiaca y reduce la inflamación en las arterias. También aumenta la producción de endorfinas y reduce el cortisol, la hormona del estrés.

Hay estudios que muestran que diez minutos de risa genuina reducen el estrés hasta en un 70 % y mejoran el sistema inmunológico. También ayuda a la memoria y la función cognitiva, especialmente en personas mayores. Vamos, que solo tiene beneficios, a no ser que se haga el chiste en el momento

30. J. Adam Rindfleisch, MPhil, *The Healing Benefits of Humor and Laughter*: <https://www.va.gov/WHOLEHEALTHLIBRARY/tools/healing-benefits-humor-laughter.asp>.

inapropiado. Entonces no hay suficiente tierra para enterrarte. Problema menor, ¿no? ¡Jaja!

Si me preguntases por la mejor estrategia para comenzar un discurso, siempre sería el humor. No hay nada igual a hacer reír a la gente. Pero, claro, quizá pienses: soy un político o empresario reputado, no puedo empezar haciéndome el gracioso.

Ciertamente siempre habrá que cuidar el tono del discurso y calibrar el momento y la audiencia, pero ¿por qué no va a encajar un comentario gracioso antes de arrancar una intervención y, sobre todo, si ya es el tercer o cuarto discurso de la velada?

¿Quieres que te escuchen de verdad?
Empieza por hacerles reír y después, hazles pensar.

Hay muchas fórmulas. Arrancar con un *sketch*, crear un personaje, un diálogo imaginario que de absurdo se vuelva hilarante. Algo a lo Groucho Marx: «Claro que lo entiendo. Incluso un niño de cuatro años podría entenderlo. ¡Que me traigan un niño de cuatro años!».[31]

Claro que no todo el mundo se atreve, porque... ¿y si no se ríen? Si hablar en público ya nos impone, no digamos soltar una gracia y que nadie reaccione. ¡Desastre total! Solo queda salir huyendo del escenario.

Nooo, recuerda que hace ya muchas páginas adoptamos la *mentalidad de crecimiento* y fortalecimos nuestra autoestima tanto como para ser capaces de reírnos de nosotros mismos.

31. *Sopa de ganso* (1933), película de los Hermanos Marx.

Aun así, ambos lo sabemos. Este recurso solo es válido para dos tipos de personas: los que son graciosos por naturaleza, esos que sin contar el chiste ya provocan risas, y los que son valientes y se atreven a la ínfima posibilidad de hacer el ridículo más grande y no les importa. Es más, hasta les hace gracia.

Personas altamente inteligentes e ingeniosas capaces de reírse de sí mismos sin herirse en la autoestima y con el suficiente coeficiente como para encontrar una salida decente ante el incidente.

Si ya has conseguido aligerar tu mensaje de palabras pesadas, de conceptos excesivamente técnicos, si has logrado traducirlo a expresiones sencillas y poderosamente evocadoras, es el momento de darle una vuelta de tuerca más: hazlo gracioso.

¿Cómo? ¡Si no tengo ni pizca de gracia!

Te entiendo. Yo tampoco. Y, aun así, ¿por qué no atreverse a jugar? ¿Apostarías si supieras que tienes mucho más que ganar que perder? La experiencia me ha enseñado que todos somos graciosos si nos lo proponemos. Hay recursos estudiados que ayudan a sacar la sonrisa ante cualquier auditorio.

Y para convencerte un poco más te cuento que pocas cosas hay tan contagiosas como la risa.

Veamos cinco ejemplos:

- **La exageración de lo cotidiano:** Es el recurso más habitual de los cómicos. Se fijan en las cosas más sencillas y habituales del día a día y le buscan su lado hilarante. Y una vez que lo han identificado le sacan punta como un lápiz hasta que queda tan exagerado que es imposible no sentirse identificado y reírse.

Por ejemplo, esa manía de preguntar lo que en realidad no queremos escuchar como: «¿Qué tal me queda, cariño?». Lo sabes, da igual lo que lleve, solo cabe una respuesta: «Es-pec-ta-cu-lar, mi amor»... Pero que suene de verdad, porque, si no... «¡Ya está! No te gusta, si es que lo sabía...».

O esas preguntas trampa que —contestes lo que contestes— vas a quedar mal: «¡Cómo se ha puesto Miguel! Desde que va al gimnasio no para de ligar... ¿No te parece, cari, que su músculo es demasiado exagerado?».

Piensa: ¿qué situación cotidiana o qué típica conversación podrías exagerar al hilo de tu discurso para crear un momento de risas y complicidad?

- **Buscar un chivo expiatorio** que sea el culpable de todos los males: véase la suegra, el jefe, el político corrupto... Y a partir de ahí, sigamos tirando de la cuerda: el amigo aguafiestas, el tipo pesado de la discoteca, el amigo que se las liga a todas mientras tú te quedas a dos velas...

¿Cómo puedes traer a tu discurso a alguno de estos personajes? Utilizando una anécdota personal o una historia. Exponiendo una situación en la que todos los asistentes puedan verse reflejados.

Si fuera un congreso de ventas, el chivo expiatorio sería el típico cliente que te hace sacar todos los productos para después no comprar ninguno. O el cliente amargado que se queja de todo por puro vicio. O la típica situación en la que el jefe te pide el informe cinco minutos antes de apagar el ordenador. Replicar estas escenas provocarán risa, porque todos podemos de una forma u otra vernos reflejados.

¿Cuál sería tu chivo expiatorio? ¿Puedes utilizar estos recursos para generar sentimiento de pertenencia sin herir sensibilidades?

- **Reírse por no llorar.** Este recurso también es muy efectivo. Para ello has de conocer muy bien los dolores de tu público objetivo y seleccionar el más lacerante y común entre todos. Y lo replicas utilizando un *acting* o a través de una foto que ilustre ese momento, con un GIF o escena de película que lo retrate.

Y en vez del modo convencional, juegas con la ironía o lo absurdo.

Por ejemplo, «Me da tanto miedo hablar en público que me paso los días preparando la presentación, hasta en la cama estoy repasando, ¡incluso me he restregado los apuntes por la cara a ver si la información traspasa! He venido en coche diciendo las frases en alto y todo para subir al escenario, mirarles y ¡quedarme totalmente en blanco! ¡Por Dios, díganme que a alguien más le ha pasado!».

Y te quedas mirando al público con los ojos de pánico. Sería algo así como el colmo de los colmos.

Detente un momento y piensa: ¿qué situación has vivido o conoces como experto en la materia en la que la mayoría de tu público pueda verse cómicamente representada?

- **Lo absurdo:** Este es más arriesgado y muy divertido. Consiste en decir mensajes que nada tienen que ver, pero que provocan la risa por el puro sinsentido. A veces mostrar el absurdo de tantas situaciones que vivimos es el mejor antídoto para meterte a tu audiencia en el bolsillo.

Los chistes son máquinas expendedoras de este tipo de humor. Ejemplo:

—Soy bidente.

—¿Puedes ver el futuro?

—No, solo tengo dos dientes.

—¿Eres idiota?

—No, soy un conejo.

O este otro ejemplo:

—¡Rápido, necesitamos sangre!

—Yo soy cero positivo.

—Pues muy mal, aquí se viene a animar.

Uno de los personajes que encarnan este espíritu es el británico Mr. Bean. Hay a quien no le hace ni pizca de gracia o quien llora de la risa con sus absurdas ocurrencias.

Este recurso es para atrevidos: ¿hay alguna situación que tu público haya podido experimentar y de la que puedas generar un absurdo?

- **Reírte de ti mismo:** Cuando ya no tienes vergüenza y te pones a bailar o cantar haciéndolo mal para que sea aún más ridículo. O expones una situación común siendo tú el foco de la risa.

Reírnos de nosotros mismos en momentos puntuales o contar un fracaso sacándole el punto de humor puede resultar tremendamente poderoso porque mostrándote vulnerable provocas esa sintonía emisor-receptor y llevas al público a tu poderosa conclusión.

Recuerdo una profesora que para ejemplificar lo que nos

explicaba utilizaba símiles de su vida amorosa, que había sido prolífica, y de cada pareja siempre sacaba alguna vivencia graciosa. Y, lo sabemos, ¡nos encantan esas historias! Todos llevamos a un cotilla dentro y difícilmente nos podemos resistir a los grandes temas del ser humano: amor, salud y dinero.

¿Ya eres capaz de reírte de ti mismo? Piensa en al menos dos situaciones propias que puedan ser compartidas por tu público y en las que te verías capaz de ser foco de la risa.

¿Ya te has autoconvencido? Para despertar a tu «yo gracioso» necesitamos utilizar unas gafas de visión espacial, digo, especial. Esas que detectan todo aquello susceptible de convertirse en chiste. Usar estas gafas no te asegura convertirte en el tipo gracioso de la oficina, pero es seguro que te dará una nueva mirada más relajada y divertida de la vida. Al fin y al cabo, ya lo decía Mark Twain: «Nunca dejes para mañana lo que puedas hacer pasado mañana».

EJERCICIO 7: EL EXAGERADOR

Uno de los trucos más efectivos es la exageración. Vamos a probarlo con algunas de las situaciones curiosas o graciosas que te hayan ocurrido. Piensa en alguna anécdota divertida y trata de exagerarla el máximo posible. Después, cuéntaselo a alguien y si ves que funciona, exagera aún más. Trata de que os dé la risa y se convierta en un momento distendido de complicidad.

Si lo intentas y no funciona, pregúntate qué falla:

1. La anécdota: ¿Es suficientemente divertida? ¿Es susceptible de ser compartida por quien te escucha?
2. La exageración: Busca el punto más cómico de la historia y trata de buscar la exageración, ya sea del personaje, de lo que ocurre o de sus efectos.
3. La interpretación: ¿Falla la anécdota o la forma en que cuento la anécdota? ¿He puesto voces, he exagerado los movimientos, he recreado lo suficiente la situación?
4. Validación: Si después de analizar estos tres puntos vemos que la anécdota no funciona, quizá hemos de buscar otra más graciosa, común o llamativa.

3, 2, 1... ¡Hablando!

La voz: tu tíquet directo a la emoción

Solo no tiene voz el ser que no tiene sangre.

La vuelta de Martín Fierro (1879),
José Hernández

Recuerdo perfectamente el momento. Estaba todo medido y controlado. Toda la sala llena y los asistentes sentados a la espera de *su* entrada en el gran salón de actos. Creo que nunca he ensayado tanto la entonación de una sola frase.

Tan solo cuatro palabras: «Su Majestad, el rey», pero ¿cómo pronunciarlas para infundir suficiente solemnidad y expectación al momento?

Entonces apareció por la puerta y de mi garganta salieron los sonidos de la forma más firme, sobria y elegante posible.

Su entrada dio comienzo a un acto institucional con pocas anécdotas en el que todo salió como se esperaba. A veces, como dicen los ingleses: «*No news, good news*».

Este es un ejemplo real, nunca mejor dicho. El acto de mayor nivel institucional que he presentado nunca, todo medido por el equipo de protocolo de la Casa Real y de la organización del evento.

Más allá de la anécdota, me sirve para ejemplificar que en la voz viajan los matices de tus mensajes. Esa misma frase, con sus cuatro palabras, se puede pronunciar de muchas maneras distintas y cambiaría su connotación. Prueba a decirlo con tono irónico y en interrogación: «Su Majestad, ¿el rey?».

Obviamente, este sería el tipo de entonación que jamás habría pronunciado; pero ¿verdad que cambia?

Y es que cuando queremos *sonar* solemnes y seguros utilizamos un tono más grave.

Realmente cómo suenas es fundamental en oratoria. Recuerdo una frase de mi profesor de inglés, Graham, que me decía que, llegado a un cierto nivel de competencia lingüística, es el oído el que te dice si lo que estás diciendo está bien o no. Si has utilizado una expresión correcta o incorrecta.

Ese «no suena bien» al oído es la clave para corregir la expresión. Quizá sea la preposición, el tiempo verbal elegido o el adverbio... La cuestión es que con solo decirlo te das cuenta del error y lo puedes corregir sobre la marcha.

Lo mismo ocurre en oratoria. Es importante que oigas cómo suenas y confirmes que estás sonando exactamente como quieres, con los matices que quieres expresar y con la intencionalidad que buscas para tu mensaje. De ello hablaremos en las próximas páginas. Estos capítulos son centrales porque la voz tiene un gran poder de persuasión. Y ya te avanzo que muchas veces tenemos el oído atrofiado porque sonamos siempre igual al hablar en público.

Lo curioso es que no ocurre lo mismo cuando estás hablando en casa o en entornos de confianza, pero es subir al estrado o tener un micrófono delante y entra en escena un tono uniforme que borra todos los matices.

Por tanto, es importante saber acentuar las partes claves del mensaje, no solo una palabra, sino conjuntos de ellas para que adquieran mayor relevancia. De tal forma que si lo que voy a decir es importante, ¡ha de sonar importante! No puede escucharse con el mismo tono que todo lo demás que estás diciendo.

Ejemplo de mala acentuación:

«Estamos ante la fusión empresarial **más importante** del sector automovilístico de la historia, lo que sitúa a la **nueva compañía** como líder mundial del sector».

Ejemplo de buena acentuación:

«Estamos ante **la fusión empresarial más importante del sector automovilístico** de la historia, lo que sitúa a la nueva compañía como **líder mundial del sector**».

Si te fijas, en el primer ejemplo el acento recae solo en dos palabras que no proporcionan la información clave, que es la «fusión empresarial» y después se acentúa «nueva compañía» que tampoco es tan relevante como que esta sea líder mundial del sector.

Por eso, uno de los primeros pasos para saber cómo modular tu voz al hablar en público es tener claro qué conjunto de palabras acentuarás por ser las más relevantes de tu mensaje.

Nuestro oído está vivo y calibra continuamente los matices del mensaje. Si este no está bien modulado e interpretado, el cerebro tendrá que hacer un sobreesfuerzo y ya sabes que a las neuronas no les gusta el gimnasio. Pónselo fácil.

¡Escucha exigente, cerebro ausente!

El tono grave y la percepción de autoridad

Cuando buscamos transmitir seguridad nuestro tono de voz se vuelve grave sin forzarlo. Es decir, que si no te atrapan los nervios y consigues poner foco en tu mensaje, esto es lo que ocurrirá de forma natural en tu garganta.

Porque la voz está directamente relacionada con la intencionalidad de tu mensaje. Más allá de las palabras, se trata de controlar lo que quieres que estas transmitan. En aquel evento buscaba que mi voz sonara más sobria, sólida y segura que nunca. Por eso, además, proyecté la voz haciendo que sonara más rotunda y bajé hacia mis tonos más graves.

Y es que está demostrado: una voz grave se asocia a autoridad. En 2017, un grupo de investigadores de la Universidad de Illinois, liderado por el doctor John Edwards y la doctora Laura Campbell,[32] realizaron un estudio sobre la percepción de

32. J. Edwards y L. Campbell (2017), «The Impact of Vocal Tone on Perceived Authority and Trustworthiness», *Journal of Communication Research*, 29(2), 123-139, Universidad de Illinois.

autoridad y confianza en relación con el tono vocal. Su investigación consistió en analizar grabaciones de discursos y medir las respuestas del público ante variaciones en el tono de voz.

Los resultados demostraron que había una relación directa entre el tono de la voz y la percepción o no de autoridad por parte del público. Así, los oradores con un tono bajo y constante fueron percibidos como más seguros y confiables. Esa percepción era un 30 % mayor que en aquellas personas cuyo tono variaba ampliamente.

Además, la investigación mostró que un tono más alto se asocia con accesibilidad, aunque en contextos formales, los participantes expresaron clara preferencia por tonos graves y constantes.

Margaret Thatcher es uno de los ejemplos más estudiados sobre el uso intencionado de la voz para ganar autoridad y proyectar liderazgo. Al comienzo de su carrera política, tenía un tono de voz más agudo, que algunos incluso han descrito como «chillón» o «poco convincente».

Normalmente, no nos suele gustar nuestra voz y eso le pasaba también a Thatcher. Su equipo sabía que si quería tener posibilidades en las siguientes elecciones debía modificar su voz. En la década de 1970, cuando se convirtió en líder del Partido Conservador, decidieron trabajar activamente para que proyectase esa imagen de autoridad que necesitaba.

Para lograr este cambio, Thatcher contó con los servicios de un profesor del Royal National Theatre, *la compañía nacional de teatro inglesa* cuyo primer director fue Laurence Olivier.

La transformación de su imagen y voz fue fruto de su

equipo compuesto por tres asesores: Tim Bell, asesor de publicidad; Gordon Reece, estratega de relaciones públicas, y Ronald Millar, redactor de discursos.

Meses antes de las elecciones generales de 1979, el asesor de Thatcher, Gordon Reece, temía que los votantes consideraran demasiado estridente la voz natural de su candidata. Por casualidad, se encontró con sir Laurence Olivier en un tren, y el maestro del teatro le recomendó a su profesor de canto del Teatro Nacional de Londres.[33] Thatcher se sometió a un entrenamiento intensivo para bajar el tono y lograr que sonara más profundo y uniforme, proyectando calma y determinación lo que le resultó muy útil en su carrera política.

Es muy reseñable también el entrenamiento sobre las pausas en su oratoria. Su ritmo era lento, pero firme.

Y Margaret Thatcher lo consiguió, redujo la frecuencia de su voz en más de 60 hercios. Una importante diferencia si tenemos en cuenta que, antes, su voz se situaba aproximadamente en los 250 hercios, un rango habitual en un tono femenino agudo. Así, gracias a aquel entrenamiento bajó a unos 180-190 hercios, lo que hizo que se situara en un rango vocal masculino medio y proyectara una mayor autoridad.

No fue fácil. Aprender a trabajar nuestra voz nunca lo es.

33. Artículo de *Vanity Fair*: «La invencible señora Thatcher», diciembre de 2011, por Charles Moore: <https://www.vanityfair.com/news/2011/12/margaret-thatcher-201112>; <https://www.history.com/news/10-things-you-may-not-know-about-margaret-thatcher>; <https://es.wikipedia.org/wiki/Margaret_Thatcher>.

El caso de la primera ministra británica, la Dama de Hierro, es controvertido. Hay voces como la periodista y socióloga, Anne Karpf, que sugiere en su libro *The Human Voice* que forzando así su voz pudo llegar incluso a dañar permanentemente sus cuerdas vocales.[34] Hay otras fuentes que incluso ponen en duda que Thatcher recibiera clases de ningún profesor de canto puesto que ninguno le aconsejaría dañar su propia voz.

Más allá de la anécdota histórica, no es casualidad que las voces graves se perciban como más densas y con menor brillo que las agudas, que resultan más ligeras y finas.

Llegar a trabajar nuestros resonadores intencionalmente es toda una conquista del lenguaje paraverbal. Quizá nunca lo hayas pensado, pero tu cabeza, mandíbula, nariz, garganta y hasta las costillas, ¡todo son resonadores! Hay quien es capaz incluso de sentir esa resonancia en la parte más alta de la cabeza. ¡Hasta la última neurona resuena!

Y hablando de curiosidades, no deja de ser llamativo que las mujeres, conforme han ido ascendiendo a posiciones de liderazgo en el mundo profesional, político y social, también han modificado su tono de voz para hacerlo más grave.

Así lo demuestra el estudio de Cecilia Pemberton, patóloga del habla y del lenguaje de la Universidad de Australia del Sur.[35] En efecto, Pemberton y su equipo analizaron las voces de dos grupos de mujeres de Australia de entre dieciocho y

34. Anne Karpf (2007), *The Human Voice: The Story of a Remarkable Talent*, Ed. Bloomsbury.

35. C. Pemberton *et al.* (2018), «The Acoustic Characteristics of Women's Voices: The Effects of Time on Fundamental Frequency», *Journal of Voice*.

veinticinco años. Y compararon grabaciones de archivo de mujeres en 1945 con otras tomadas a inicios de 1990. Así, descubrieron que la diferencia era significativa y perceptible incluso al oído humano. En esas cinco décadas, la «frecuencia fundamental» de las mujeres había disminuido en 23 hercios, desde un promedio de 229 hercios a uno de 206.

¿Cómo sonarán las mujeres en otras cinco décadas? El tiempo y la ciencia nos dirá si continúa bajando a medida que se siguen rompiendo techos de cristal. Puede que en unos años lleguen a hablar por debajo incluso de los 200 hercios. Como Margaret Thatcher, pero sin ese duro entrenamiento. Aunque hay un peaje y es que, al sonar más graves, también suenan más duras y distantes.

Proyección y resonancia

Llegados a este punto, quizá te preguntes si tienes que aprender a proyectar la voz como un cantante de ópera para poder conquistar a tu público o contratar a un entrenador vocal para lograr que te perciban con la suficiente autoridad.

Figaro, Figaro, Fiiigaaarooooooo.

¿Te imaginas?

No sé si proyectarías la voz, pero seguro que soltarías nervios y provocarías entre estupefacción y carcajadas...

Realmente, no es necesario. Pero los beneficios de la respiración diafragmática son tantos que solo por el bienestar que genera en el cuerpo ya merece la pena. Tampoco te quiero engañar: hablar en público proyectando la voz es aún más cansado, pero es como llevar un buen traje. Ya sabes, la diferencia, se nota.

En 2016, la Universidad de Yale publicó una investigación liderada por el doctor Joshua L. Freedman precisamente sobre la percepción de liderazgo y autoridad en función de la proyección y resonancia vocal.[36]

Para descubrirlo evaluaron cómo la resonancia de la voz influía o no en la percepción de los líderes en una serie de situaciones simuladas. ¡Y adivina! Los resultados mostraron que los oradores con voces resonantes y proyectadas fueron percibidos como más capaces de liderar y con mayor control. Hasta un 25 % más que aquellos con voces más suaves y menos proyectadas.

Esto se debe a que la resonancia vocal evoca una sensación de solidez y estabilidad que contribuye a la percepción de autoridad. Así, respirar con el diafragma es como tocar el acordeón, sabes hasta qué momento apretar para no quedarte sin aire. Si te pasas, ya no tienes fuelle y necesitas abrir todo el acordeón para introducir aire de nuevo y empezar.

Y es que uno de los grandes beneficios de utilizar la respiración diafragmática es que te permite administrar de forma consciente el aire del que dispones para hablar. Esto significa

36. J. L. Freedman y A. Gonzales (2016), «Voice Resonance and Perceived Leadership Ability: An Analysis of Vocal Projection in Leadership», *Journal of Leadership and Organizational Studies*, 33(5), 333-349, Universidad de Yale.

que vas a poder controlar cuánto aire te queda para terminar las frases sin perder fuelle, evitando, de este modo, esa respiración sonora y con la boca abierta que tantas veces se produce al hablar en público.

El diafragma es ese fuelle que te posibilita conocer en todo momento de cuánto aire dispones, lo que impide respiraciones desacompasadas con el ritmo de la frase o hablar en restos —así es como se llama en el argot cuando te estás quedando sin aire y tu voz suena ronca.

Si tienes aire, puedes modular tu mensaje.

El aire es el combustible de la voz. A veces, cuando nos ponemos muy nerviosos al hablar en público suele suceder que nos cuesta hasta respirar porque se acelera el ritmo cardiaco y el cuerpo necesita oxigenarse más rápidamente.

Para los nervios ya sabemos cuál es el mejor remedio: respirar profundamente con el diafragma: es el mejor calmante. Está demostrado científicamente, puesto que activa el sistema parasimpático y reduce la generación de cortisol, mientras aumenta la dopamina y la oxigenación.

Por consiguiente, proyectar la voz te ayudará a cuidar tus cuerdas vocales y no forzarlas, a respirar con más calidad y a conseguir un tono más homogéneo, estable y resonante.

La voz es el rasgo más personal y diferenciador de una persona

Créelo. Es así. Tu voz es única. Ni siquiera dos gemelos idénticos tienen el mismo timbre. Sin duda, la voz es uno de los rasgos más personales y que más te diferencia de los demás. Está influenciada por factores fisiológicos, como el tamaño de la laringe y el tracto vocal, y, asimismo, por condicionantes emocionales y psicológicos.

Recuerdo el caso de una persona con la que estuve trabajando durante meses. En el pasado había sufrido depresión y, aunque ya la había superado, le quedaban algunas secuelas como cierta fobia social y una forma de hablar más cerrada y muy particular, que le hacía pronunciar mal algunas palabras. Fue un entrenamiento exigente en el que realizó muchos ejercicios de vocalización, pero también de *mindset*, porque, como sabes, el cambio primero es interior y después se proyecta hacia fuera.

No te digo la alegría de la última sesión en la que ya lograba pronunciar correctamente todas esas palabras que antes se le atragantaban, todavía esforzándose y pensando en pronunciarlas bien, y cómo había mejorado con respecto a sus relaciones sociales. ¡Había cambiado hasta su postura, su forma de sonreír y de mirar!

La voz es reflejo de nuestro mundo interno. Si tenemos un gran día, esta sonará con brillo, ritmo y volumen. Si estamos tristes o decaídos, cerraremos más la boca, apenas vocalizaremos, y nuestro volumen y ritmo seguramente bajarán.

La manera en que hablamos refleja no solo nuestra anatomía, sino también nuestro estado emocional y personalidad, por lo que es un rasgo difícil de replicar o copiar. Incluso, los modelos más avanzados de Inteligencia Artificial todavía no son capaces de clonar al cien por cien todos esos matices de nuestra voz.

En este capítulo entramos de lleno en el mundo de los matices, los que se transmiten a través de la voz. Y son fundamentales porque en ellos reside la diferenciación de nuestro mensaje:

Dónde ponemos el acento, dónde aceleramos el ritmo, dónde entonamos hacia arriba para llamar la atención o cuándo hacemos esa pausa estratégica que enfatiza y da autoridad al mensaje.

Si quieres impactar con tu comunicación, has de volverte director de orquesta y aprender a generar melodías con tu voz.

JUEGA CON LAS CUALIDADES DE TU VOZ

TONO: AGUDO, MEDIO O GRAVE.

VOLUMEN: BAJO, MEDIO O ALTO.

RITMO: LENTO, MEDIO O ALTO.

TIMBRE: TU HUELLA SONORA.

PAUSA: CORTA O PROLONGADA.

¿Te gusta escucharte?

Siempre que lo pregunto, la respuesta suele ser un «no» unánime y categórico. ¿Por qué? Seguramente porque nos resulta raro escuchar nuestro propio timbre y porque no estamos habituados a hacerlo.

Como sabes hay gran diferencia entre hablar y comunicar. Un buen orador escucha lo que dice mientras habla, porque es la manera de mantener el control sobre el relato. Y es consciente de su tono, ritmo, volumen y pausas, puesto que quiere comunicar con coherencia y consistencia.

Ahora bien, llegar al punto de escuchar lo que estás diciendo implica haber conquistado un nivel avanzado de oratoria en el que ya eres capaz de pensar lo que vas a decir, saber cómo lo quieres decir y escuchar lo que estás diciendo, al tiempo que miras a tu público para calibrar que el mensaje está llegando mientras mantienes su atención.

Si ya estás en este punto, ¡enhorabuena! Ahora trata de darle aún más intencionalidad y expresividad a tu mensaje.

Si todavía no has llegado, no te agobies. Es cuestión de puro entrenamiento. El buen comunicador no nace, se hace. Ahora ya conoces cuál es el punto de llegada, vete poniendo objetivos asequibles para ir testando la forma en la que comunicas y verás que avanzas con determinación y éxito.

Un ejercicio que puede ayudarte es el que propongo a continuación. Haz la prueba durante un día y comprueba si te escuchas o no cuando hablas con otras personas.

EJERCICIO 8: ¿QUIÉN HABLA AHÍ?

Toma tu teléfono móvil y grábate improvisando durante dos minutos hablando de lo que quieras, pues lo importante es que no pares de hablar. Te recomiendo que utilices un tema del que seas experto.

Ahora, escúchate y analiza:

Tus muletillas son ruido en el mensaje: ¿cuántas te han salido?

¿Dónde has hecho pausas? Es más, ¿has hecho alguna pausa?

Mira también tu ritmo y dime: ¿has hablado muy lento, rápido o intermedio?

Y qué me dirías de tu volumen: ¿has hablado alto, bajo o normal?

Y desde el punto de vista de la entonación: ¿has resultado muy monótono o te has atrevido a modular tus mensajes?

Repite con asiduidad este ejercicio de improvisación consciente y verás cómo mejoras sustancialmente el modo en el que modulas tus mensajes.

¿Por qué es importante escucharte al hablar?

Porque la voz es emoción. Y también es transmisora o no de seguridad. Gracias a ella, nuestros mensajes pueden sonar dubitativos, firmes, dulces, irónicos, divertidos o aburridos.

Por regla general, se trata de no sonar siempre igual.

Es como si subieras a una montaña rusa con toda la ilusión y después la vía fuera una recta: ¡un fiasco! El cuerpo te pide curvas, subidas y bajadas de infarto, zonas más rápidas y otras más lentas en las que tomar aire para el siguiente descenso lleno de emoción.

Prueba a decir en voz alta:

> «Buenos días. Qué tal está. Un placer». (Tono neutro, sin modulación).
>
> «¡¡Buenos días!! ¿Qué tal está? ¡¡Un placer!!». (Tono agudo, exagerado).
>
> «Buenos días... Qué tal está... Un placer». (Tono apagado y desganado).

Y ahora este otro mensaje imitando la voz del lobo feroz de *Caperucita roja*, la de la abuelita y la del narrador.

> «Buenos días, Caperucita. ¿Qué tal estás? Yo, listo para comer». (Tono lobo feroz).
>
> «Buenos días, Caperucita ¿Qué tal estás? Qué placer volverte a ver». (Tono abuelita).
>
> «Caperucita respondió a su abuelita que el día iba bien». (Tono narrador, lineal).

Si los tres mensajes suenan iguales o muy parecidos, entonces, necesitas urgentemente aprender a jugar más con tu voz.

El ejercicio que más puede ayudarte es precisamente leer cuentos, porque hacer las voces de los personajes contribuirá a que descubras que puedes entonar los mensajes de formas distintas y sacarle más brillo a tu voz.

Puede que te sientas ridículo y prefieras obviar este ejercicio. ¡No lo hagas!

En mis formaciones, cuando trabajamos la modulación de la voz, siempre les pido que hagan los personajes de *Caperucita roja*. ¿Sabes cuál es el resultado? Al 80 % le cuesta hacer voces distintas. ¡Se les ha olvidado sacar a su niño interior y jugar con la voz! Efectivamente, el lobo feroz suena prácticamente igual que el cazador y la abuelita que Caperucita y, así, el cuento pierde toda la magia.

Nos hacemos tan serios conforme crecemos que perdemos los matices de nuestra voz y acabamos hablando de forma muy aburrida y monótona.

Solo que vivimos en la sociedad del «ya» y si no atrapas la atención, da igual lo que digas y cuán importante sea. Sin atención no hay escucha. Sin escucha no hay mensaje efectivo. Todo ese esfuerzo preparando tu presentación o tu discurso habrá sido en vano.

Cuando aprendemos a modular la voz descubrimos que los matices son los que marcan la diferencia y ayudan a tu audiencia a entender mejor la intencionalidad de tu mensaje.

Por tanto, empieza a practicar hoy mismo. Sube tu voz a la montaña rusa de la expresividad y ¡agárrate, que vienen curvas!

MODULA

EL SECRETO ESTÁ EN NO *SONAR* SIEMPRE IGUAL.

Huye de la monotonía

> Me gustas cuando callas porque estás ausente, y me oyes desde lejos y mi voz no te toca.
>
> PABLO NERUDA

Hay muchas maneras de «tocar» con la voz. Quizá nunca lo hayas pensado así, como una forma de acercarte a tu público. La voz es tan persuasiva que cuando en un congreso hay una voz poderosa, la gente se queda hipnotizada.

Lo he comprobado en muchas ocasiones. A título personal y con otros *speakers*. En este sentido, recuerdo un evento en el que intervenía Luján Argüelles, periodista, locutora y presentadora de diferentes programas de radio y televisión. Su voz grave en un cuerpo delgado y estilizado sorprende. Tal vez también porque al ser rubia, incomprensible pero real, esperas un timbre más agudo. Y por eso el efecto es aún mayor.

Recuerdo verla subir al escenario con un traje impecable,

guapísima y que, al empezar a hablar, se hizo un silencio sepulcral. Una voz grave, segura y con mucha personalidad llenaba la sala. Miraba a mi alrededor y el resto de las mujeres estaban absolutamente «atrapadas». Antes habían intervenido otras personas, pero ninguna con la voz y presencia de Luján. Ejemplifica, sin duda, que quien sabe sacarle partido a su voz conquista de inmediato.

Es lo que ocurre con las voces radiofónicas que han aprendido a comunicar con el único medio a su alcance: su voz. Y por eso cuando hay una voz radiofónica en la sala atrapa la atención al instante. El fenómeno que se produce me recuerda al cuento de *El flautista de Hamelín*, la melodía profunda que sale de sus gargantas es absolutamente irresistible.

En mi experiencia profesional como presentadora de eventos también lo he comprobado: una voz melodiosa, pausada y proyectada conquista a la audiencia. Realmente la voz fascina.

Hay muchos modos de romper la monotonía y crear expectación. Prueba los siguientes ejemplos:

- **El susurro:** Cuando la voz sale como un susurro suave y aterciopelado, y crea la sensación de acariciar y envolver a la audiencia.
- **El rasgado:** Cuando queremos enfatizar la emoción y, deliberadamente o porque nos emocionamos, rasgamos la voz.
- **El agudo:** Cuando queremos alterar y subir la tensión, utilizamos la estrategia de elevar el tono al agudo y hasta elevar, asimismo, el volumen.

Cuidado, no te aconsejo gritar nunca. Resulta muy molesto, genera rechazo, hace que tu voz suene más aguda y, para más inri, fuerzas tus cuerdas vocales. Mejor aprende a proyectar tu voz gracias a la respiración diafragmática, como ya hemos visto antes.

Ciertamente, hoy en día contamos con micrófonos para casi todas las ocasiones en las que hables en público o a cámara. Por eso, proyectar la voz no se convierte en un imprescindible; eso sí, si aprendes a proyectar, tu voz siempre sonará más redonda y constante.

Proyectar la voz ayuda, pero controlarla es imprescindible.

Ahora bien, controlar la voz en un estado nervioso es extremadamente complicado, por no decir, imposible. Por eso aquí nos encontramos ya en estadios mucho más avanzados de oratoria.

Lo habrás comprobado en más de una ocasión. Cuando alguien se pone muy nervioso eleva su tono de voz más allá de lo normal o de lo políticamente correcto. Vaya, que se pone a gritar, y su cuello y garganta reflejan esa tensión. ¡A algunos hasta se les hincha la yugular!

Es curioso, utilizamos la expresión «pegar un grito». Y es que gritar es sinónimo de violencia verbal. Por eso cuando perdemos los papeles, nos desesperamos o estamos rabiosos solemos recurrir al grito.

Aunque cueste, es importante controlarse porque gritar te resta autoridad.

Recuerda: Tomar el control de tu comunicación implica tomar el control de tus emociones.

No digo que sea fácil, especialmente cuando estamos cansados, estresados o nerviosos.

O si somos portavoces de una organización, un comité de crisis o un partido político. Nunca podemos perder los papeles, ni tampoco elevar el tono de nuestra voz si, por ejemplo, las preguntas de los periodistas nos están resultando incómodas.

Otro escenario distinto es un mitin electoral donde se espera fuerza, ímpetu e incluso vehemencia en la defensa de las ideas políticas y, por consiguiente, ese líder tendrá que elevar el tono en momentos clave y provocar la reacción de sus compañeros de partido.

En suma, el entorno siempre determina la adecuación del tono comunicativo.

Si en términos generales no gritamos, ¿cómo modulamos?

Lo primero, seamos conscientes de nuestro estado interior, de nuestras emociones y de cómo los estímulos exteriores nos están afectando. Con toda seguridad, es de las cosas más difíciles. Y ese autocontrol es más psicológico que comunicativo, pero lo primero incide absolutamente en lo segundo.

Y después, aprendamos a conducir nuestra voz, que es el vehículo de nuestras emociones. Imagínate que vas al volante por una carretera sinuosa llena de subidas y bajadas. No te imagines una carretera recta y plana porque entonces solo hay dos opciones: o te duermes al volante y te estrellas o duermes a quienes te escuchan y te estrellas.

¿Cuál es la dificultad? Como diría sir Ken Robinson,[37] al

37. Sir Ken Robinson (2006), «Do schools kill creativity?». Es una de las charlas TED más vistas de la historia y, en ella, Robinson defiende de

ir cumpliendo años hemos «matado» a la creatividad y con ella también la expresividad de nuestras emociones al hablar. Es cierto, ya que la mayoría de las personas caemos en este error: hablamos siendo demasiado planos. Y sonamos muy monótonos.

Cuando nos toca hablar en público suele ocurrir que cambiamos el tono de nuestra voz hacia uno aún más serio, plano y artificial. ¡Justo lo contrario de lo que necesita la gente!

Recuerdo un caso muy llamativo: un alto ejecutivo espontáneo, cercano y gracioso. De esas personas con don de gentes que cae bien a todo el mundo y que genera un ambiente distendido. Una persona formada y capaz, que al mismo tiempo sabe de lo que habla.

Estábamos preparando una importante intervención y cada vez que practicaba su discurso mutaba su personalidad. Su lenguaje corporal se cerraba, su cara se volvía seria y hasta su boca se hacía más pequeña.

¿Qué le ocurría? Todavía no acababa de sentirse cómodo en el escenario, y esa gracia y desparpajo que le caracterizaban no encajaban con la imagen que él quería proyectar sobre el escenario. Porque hablar en público es una cosa «seria» y, sin duda, la temática que manejaba lo era. Con los negocios no se juega.

Pero entre el blanco y el negro hay muchos matices. Esos que reflejan la voz y nuestros gestos. Al ponerse serio y mutar su personalidad, mataba su naturalidad y se percibía

---

forma entretenida y profundamente conmovedora la creación de un sistema educativo que fomente (en lugar de socavar) la creatividad.

como encorsetado y algo inseguro. Y eso se trasladaba a su tono de voz: menos brillo, boca más cerrada, menos vocalización... Y muletillas.

Sí, la voz nos delata.

Si quieres ganar seguridad y credibilidad empieza a entrenar las modulaciones de tu voz. Puede ser viajando del agudo al grave, del medio al grave o del medio al agudo. La clave aquí es empezar a jugar con ella para volverla más expresiva y coherente con el mensaje que transmitimos.

Así como un jefe no diría con tono festivo y alegre que hay que despedir al 30 % de la plantilla, tampoco tiene sentido que des un discurso de bienvenida con un tono plano y sin emoción alguna.

La coherencia del mensaje también se transmite a través de la modulación de la voz.

Y hablando de música, para que te ayude a recordar este punto tan importante y evites estrellarte al hablar en público, piensa en la canción de la artista colombiana Shakira:

No fue culpa mía, ni tampoco tuya,
fue culpa de la monotonía.

Pues eso: ya no más discursos, ni intervenciones planas.

Sin emoción no hay persuasión

Daba igual de lo que hablase. Todo sonaba igual. Desde una cifra increíble sobre el retorno de inversión hasta la labor encomiable de su equipo. Una falta de emoción que también se reflejaba en su rostro.

Lo intentaba, pero era incapaz de alinear ambos mensajes y pasarlos a través del filtro de la emoción.

No es fácil, especialmente cuando somos personas analíticas, introspectivas y tímidas. Hablar en público proyectando y modulando la voz, siendo más expresivos corporalmente y mirando a los demás, supone un esfuerzo enorme, es estar totalmente fuera de la zona de confort. Por eso algunas personas sienten que están actuando y no siendo ellas mismas al hablar en público, porque «no hablan así». Y en parte es cierto, hablar en público requiere de cierta afectación en el tono. Cuanto más exagerado suele resultar menos natural. No se trata de declamar como lo haría un actor, pero sí es necesario darles a las palabras una mayor entidad. Esto es importante especialmente con aquellas personas muy introvertidas que no exteriorizan sus emociones. Es muy difícil emocionar sin emocionarse.

«Entonces ¿quieres decir que estas personas no tienen sentimientos?». No, quiero decir que les resulta muy difícil exteriorizarlos y eso no les suma, sino que les resta en su oratoria. Ahora bien hay personas gélidas que pueden ser muy persuasivas, quizá porque generan más miedo y respeto que otra cosa.

Por regla general, ser menos expresivos conlleva una mayor dificultad, porque gran parte del secreto reside en ser natural. Esto implica no añadir más presión al momento y conectar con lo que sentimos. Y, claro, has de sentir algo para contarlo.

Por ejemplo, cuando nos emocionamos, modulamos automáticamente nuestra voz.

A ti te regalan el móvil de última generación y si te encanta, tu reacción será de felicidad: sonrisa, boca grande, mirada activada, lenguaje expansivo... Ahora, como te regalen algo que no te gusta nada, tu lenguaje verbal y paraverbal (voz) cambiará radicalmente. ¿Verdad que ese «Muchas gracias. Me encanta» no sonaría igual en un caso que en otro?

Ahora imagínalo con la voz grave y cavernosa de Morgan Freeman. Su voz es tan distintiva que ha sido utilizada en narraciones de documentales y anuncios.

Da igual lo que diga, si utiliza ese tono que tiene tan estudiado: profundo, pausado y grave, estoy segura de que acabas comprando el producto que venda o la idea que defienda o lo que sea que diga porque tiene una voz absolutamente hipnotizante.

El arma secreta mejor guardada de todo gran orador reside precisamente en su garganta. Y este conocimiento es tan ancestral como las escuelas de oratoria de la antigua Grecia.

Ejemplo de ello fue Pericles, el líder más influyente de la Grecia clásica. Famoso no solo por sus reformas democráticas y su gran habilidad para la oratoria, sino también por ciertos aspectos curiosos sobre su voz y apariencia. Pericles el ateniense marcó realmente una época, hasta el punto de que algunos estudiosos se refieren al siglo v a. C. como «el siglo de Pericles», y supo manejar las claves de la oratoria:

- Seguridad en su Lenguaje No Verbal
- Dominio de la palabra
- Claridad de ideas
- Argumentos sólidos
- Voz controlada y persuasiva

Aunque los relatos históricos no detallan precisamente el tono de su voz, se sabe que tenía un estilo oratorio extraordinario y persuasivo, algo que también le hizo merecedor del apodo el Olímpico.

Este sobrenombre, además de referirse a su liderazgo casi «divino», también hace referencia a su capacidad de mantener una autoridad y serenidad impresionante al hablar, características que en su tiempo se asociaban a una voz profunda y pausada. Su manera de hablar ha sido descrita como «calmada y controlada», cualidades que le hacían inspirar respeto y devoción en el público ateniense.

Curiosamente, Pericles tenía una cabeza larga y estrecha, algo tan notorio que por eso era representado con frecuencia en la escultura con un casco, según se dice, para disimular esta particularidad. Su apariencia singular e imponente, junto a su habilidad retórica, hicieron de él un referente no solo de la política, sino también de la elocuencia y el porte oratorio ideal de su tiempo.

Así, sabía combinar a la perfección su tono comunicativo elevado con sus ideas y convicciones. Una férrea defensa de la democracia que dejó reflejada en su célebre *Oración fúnebre*, una exaltación de los valores y grandeza de Atenas. Pericles tenía esa capacidad de conectar profundamente con el público a través de la palabra y lo amplificaba con el dominio de su presencia al hablar en público. De ahí su gran poder de influencia y su legado que perdura a lo largo de la historia.

Bien. Ahora quiero que viajes en el tiempo y tú también te pongas el casco, la túnica y las sandalias para declamar el siguiente fragmento de la *Oración fúnebre*, de Pericles.

Aquel discurso se pronunció en el año 431 a. C. en el Cementerio del Cerámico, en Atenas, para homenajear a las víctimas del primer año de la guerra contra Esparta.

Pericles lo diseñó para que fuera algo más que un discurso fúnebre, para que fuera también una oportunidad de elevar el sentido patriótico de la democracia ateniense.

Las palabras no son textuales, responden a la transcripción de su contemporáneo e historiador, Tucídides, que lo incluyó en su relato histórico de las guerras entre Atenas y el Peloponeso. En aquel momento, Pericles tenía sesenta y cuatro años.

Allá vamos. Recuerda: Tono elevado, formal y sublime.

> [...] Este, más que el lugar en que yacen sus cuerpos, es donde su fama reposa, para ser una y otra vez recordada, de palabra y de obra, en cada ocasión que se presente.
>
> La tumba de los grandes hombres es la tierra entera: de ellos nos habla no solo una inscripción sobre sus lápidas sepulcrales; también en suelo extranjero pervive su recuerdo, grabado no en un monumento, sino, sin palabras, en el espíritu de cada hombre.
>
> Imitad a estos ahora vosotros, cifrando la felicidad en la libertad, y la libertad en la valentía, sin inquietaros por los peligros de la guerra. Quienes con más razón pueden ofrendar su vida no son aquellos infortunados que ya nada bueno esperan, sino, por el contrario, quienes corren el riesgo de sufrir un revés de fortuna en lo que les queda por vivir, y para los que, en caso de experimentar una derrota, el cambio sería particularmente grande.

> Para un hombre que se precia a sí mismo, en efecto, padecer cobardemente la dominación es más penoso que, casi sin darse cuenta, morir animosamente y compartiendo una esperanza.
>
> IX discurso fúnebre

Si lo has leído completo en voz alta o, al menos. alguno de sus párrafos habrás notado que tu tono se vuelve rítmico, pausado y solemne. Y que al final adquiere tono de arenga, de motivación y llamada a la acción. Casi un tono épico a lo *Braveheart*.

Y esa es la idea, ir adecuando el tono del discurso a la intencionalidad que se busca. Por eso no puede sonar igual esa parte del discurso, ya más cercana a la conclusión, que esta otra en la que habla del sentimiento común de ser griegos y su defensa de la democracia:

> Pues tenemos una república que no sigue las leyes de las otras ciudades vecinas y comarcanas, sino que da leyes y ejemplo a los otros, y nuestro gobierno se llama democracia, porque la administración de la república no pertenece ni está en pocos sino en muchos.
>
> Por lo cual cada uno de nosotros, de cualquier estado o condición que sea, si tiene algún conocimiento de virtud, tan obligado está a procurar el bien y honra de la ciudad como los otros, y no será nombrado para ningún cargo ni honrado, ni acatado por su linaje o solar, sino tan solo por su virtud y bondad.

> Que por pobre o de bajo suelo que sea, con tal que pueda hacer bien y provecho a la república, no será excluido de los cargos y dignidades públicas.
>
> IX discurso fúnebre

Este es el tono de la oratoria clásica: elevado, formal y argumentado que trata de convencer desde el *logos* (razón, los argumentos) aunque después siempre se recurra al *pathos* (la emoción).

Y toda aquella persona que quiera dominar el arte de hablar en público ha de saber conjugar el equilibrio entre ambas partes y también entre ambos tonos. En este caso solemne, pero también emocional y persuasivo.

Así lo ensayó también Martin Luther King, cuyo histórico discurso «I Have a Dream» en realidad, suena como un salmo, cuya frase estrella es repetida por el público como un coro. Las palabras «*I have a dream*» se convierten en una reafirmación melódica, firme y conjunta.

En este discurso, grabado en blanco y negro, de una época en la que la vida social, política y económica se dividía en función de ambos colores, podemos sentir, además, cómo Luther King modula e interpreta de manera absolutamente intencionada su mensaje para dotarlo de fuerza y persuasión, elevando el volumen en momentos clave y provocando la salmodia responsorial en la audiencia.

Es uno de los discursos políticos con más carga emocional de la historia. Pero, cuidado, también lo eran los discursos de Adolf Hitler. La emoción en un discurso es pura persuasión y cuantas más emociones, más impacto. La voz es el altavoz que amplifica el efecto de esas palabras y emociones.

Quien era consciente de que no contaba con una voz demasiado agraciada era Winston Churchill. Su tono no era particularmente grave, ni su vocalización limpia; sin embargo, consciente del poder de la emoción en los discursos, usaba magistralmente las técnicas de oratoria para dotar de mayor carácter a sus palabras, en especial en momentos de crisis como la Segunda Guerra Mundial.

Su estilo estaba muy calculado y sabía a la perfección en qué momento resaltar su mensaje y lo hacía con claridad y rotundidad. Churchill enfatizaba acentuando palabras, repitiendo sonidos e impregnando de fuerza y convencimiento sus discursos. Para darles mayor entidad, utilizaba estos tres recursos que ayudan a dar ritmo y cadencia al discurso:

- **Antítesis.** Se contrastan conceptos opuestos para resaltar las ideas y fortalecer el impacto en el discurso. Un recurso muy habitual en Churchill consistía en establecer un «ellos», los nazis, y un «nosotros», los demócratas. Cada uno de los conceptos puede decirse con un tono y ritmo distintos para remarcar aún más la diferencia:

  Por ejemplo:[38] «*If we fail, then the whole world, including the United States, including all that we have known and cared for, will sink into the abyss of a new Dark Age made more sinister, and perhaps more protracted, by the lights of perverted science*».

38. «Their Finest Hour». Discurso del 18 de junio de 1940.

«Si fracasamos, entonces el mundo entero, incluidos los Estados Unidos, incluido todo lo que hemos conocido y cuidado, se hundirá en el abismo de una nueva Edad Oscura más siniestra, y quizá más prolongada, por las luces de la ciencia pervertida».

- **Aliteración.** La repetición del mismo sonido al comienzo de una serie de palabras, cuyo propósito es generar un efecto arrullador, lírico y/o emotivo. Por ejemplo: «El **r**uido con que **r**ueda la **r**onca tempestad», perteneciente a la obra de José Zorrilla *La tempestad.*

  Winston Churchill lo utilizó, por ejemplo, en su famoso discurso «Blood, toil, tears, and sweat» de 1940,[39] en la frase: «*Let us go forward together with our united strength*».

  Como vemos, Churchill usa la repetición del sonido inicial «t» creando un ritmo firme que evoca unidad y fortaleza colectiva.

- **Anáfora.** La repetición deliberada de una palabra o frase al comienzo de varios versículos, cláusulas o párrafos sucesivos.

  Ejemplo:[40] «*We shall fight on the beaches, we shall fight on the landing grounds, we shall fight in the fields*

39. W. Churchill, «Blood, toil, tears and sweat». Discurso del 13 de mayo de 1940.
40. W. Churchill, «We shall fight on the beaches». Discurso del 4 junio de 1940.

and in the streets, we shall fight in the hills; we shall never surrender».

«Lucharemos en las playas, lucharemos en los campos de desembarco, lucharemos en los campos y en las calles, lucharemos en las colinas; nunca nos rendiremos».

Cada repetición puede decirse con un tono distinto y ascendente para dotarla de mayor fuerza y persuasión.

La clave de una comunicación persuasiva reside en varios factores, entre ellos y muy importante, la voz. Un mensaje estructurado, repetido y retórico será mucho más convincente, pero de nada servirá si se declama como si se leyera el prospecto de un medicamento.

Por tanto, una comunicación persuasiva no solo convence por el contenido, sino por cómo se dice, empleando la voz para expresar autoridad, emoción y conexión. Controlar la entonación, el ritmo y el volumen impacta totalmente en la receptividad del oyente. Y este es un rasgo definitorio central de la influencia y el liderazgo.

Estilos hay muchos. Desde Adolf Hitler que se provocaba a sí mismo ataques de ira para hablar con un tono tenso, dramático y rápido que tanto fascinaba y alteraba a las masas. Hasta la voz de Galadriel en *El Señor de los Anillos*, profunda, melodiosa y pausada que embelesa a todo aquel que le escuche.

La voz es sexy o puede hacerse sexy. El hombre galán por excelencia es identificado por una voz grave, pausada e insinuante. Y no es casualidad que suceda lo mismo en una mujer. No nos imaginamos un tono insinuante en una voz muy aguda. Al contrario, nos imaginamos una voz que invita al susurro y al roce. Por ende, tampoco será con un volumen alto. Quien corteja adecua su voz al momento y a la acústica del lugar. Por eso, en mitad de una discoteca con la música a todo volumen es difícil hablar y la conquista será con otras técnicas...

Pero no nos vayamos del tema, porque de todos los recursos retóricos y fónicos, hay uno que predomina por encima de todos y es la pausa dramática.

Que el ritmo no pare

> La palabra exacta puede ser efectiva, pero no existe ninguna palabra tan efectiva como la acertada pausa.
>
> Mark Twain

Quizá el ritmo sea de todas las cualidades de la voz, la que más fácil resulta activar al hablar en público. Lo podemos aplicar en discursos, conversaciones y en cualquier momento en el que quieras ser escuchado.

Modular los agudos y graves o elevar o bajar el volumen suele resultar más difícil que darle al freno o al acelerador cuando hablamos.

Si sabes conducir, sabes manejar el ritmo porque funciona

igual. Piensa que en las curvas, especialmente las cerradas en una carretera de montaña, siempre disminuyes la aceleración y tu cuerpo se tensa para tener todos tus sentidos concentrados en el final de estas. Lo mismo ocurre en tu discurso.

Recuerda: Nos habíamos quedado en el atril mirando hacia el público. Ahora ha llegado el momento de la verdad: hablar. Y, para ello, necesitas toda la concentración posible.

Porque lo has ensayado en casa mil veces, incluso declamando en voz alta, pero nada es comparable con la tensión y la emoción de recibir el premio y tomar la palabra.

Tampoco es lo mismo cuando te imaginas conduciendo tu coche nuevo que cuando efectivamente te dan las llaves, te sientas y pones las manos en el volante con todas las ganas de recorrer kilómetros y hacerle el rodaje.

Así que ahí estás, con el foco apuntándote, el traje ceñido, el sudor nervioso, el público que te mira expectante...

Pero tú ya sabías que esas sensaciones iban a producirse; de hecho, te has preparado mentalmente para no luchar contra ellas, sino aceptarlas, transitarlas y no gastar energía en ellas para mantener todo tu foco en el mensaje y en cómo lo vas a transmitir.

Manejar el ritmo te ha resultado más sencillo de lo que parecía. Has roto con la monotonía y no hablas ni muy rápido, ni todo el tiempo muy despacio.

Si hablas despacio —cuidado con pasarnos de lentos que entonces perdemos al público— habrás de generar impacto con un ritmo rápido en algunos momentos. Y, al revés, si hablas rápido, tendrás que aprender a detener el ritmo para hacer pausas y depositar los mensajes clave con calma.

Claro, aquí podríamos debatir qué es rápido o lento para cada uno. De hecho, los hispanoparlantes tenemos ritmos muy distintos en función de la región o país de procedencia. En España, por ejemplo, un madrileño hablará más rápido que un canario. Y lo mismo ocurre entre un argentino y un cubano. En general, en Latinoamérica el ritmo es más pausado y el acento más melódico que el español.

Así que hagamos un ejercicio de comunicación efectiva y definamos a través de dos ejemplos claros qué entiendo por rápido y lento para que puedas comprender y comparar.

Cuando digo rápido piensa en el ritmo de Victor Küppers, quien ha hecho precisamente del ritmo y de su tono agudo, factores diferenciadores de su estilo personal al hablar.

Y cuando digo lento, pensemos en Jesús Quintero en *El loco de la colina*, cuyas pausas entre palabras a veces superaban ¡los 4 segundos!

Por ello, es importante que diferenciemos también qué es una pausa —unos 2 segundos aproximadamente— y un silencio —de los 2 a los 5 segundos o incluso más—.

Lo cierto es que solemos sentirnos raros en el silencio. Si estamos hablando, primeramente porque creemos que los demás van a pensar que nos hemos quedado en blanco y que no nos sabemos bien la materia de la que hablamos. Y, en segundo lugar, porque el público no está acostumbrado a ser observado desde el silencio intencionado.

Y, atención, porque aunque la tentación sea incorporar las pausas y silencios a tu próximo discurso, no sigas el truco de contar mentalmente los 2, 4 o 6 segundos. ¿Por qué? Porque esa pausa también es estratégica para nosotros.

Si tu cerebro centra la energía en contar los segundos, no se puede focalizar en lo siguiente que va a decir y en cómo lo va a decir.

La lectura teleprompter

La idea es que aprendas a leer con el teleprompter. Hoy lo tiene todo el mundo en su móvil, en la mayoría de los programas de edición de vídeo o en aplicaciones donde puedes leer el texto a la vez que te estás grabando.

Es interesante, dado que te ayuda a anticiparte. Recuerdo que, cuando presentaba informativos, aprender a leer de manera anticipada era absolutamente determinante. ¿Por qué? Porque esa lectura adelantada te permite saber qué palabras vienen después, si hay alguna de difícil pronunciación o si la pausa que toca es una coma o un punto. De esta forma, siempre sabrás cómo sigue la frase y podrás adaptar el tono en consecuencia.

Hasta que aprendes, suele ocurrir que el teleprompter avanza a ritmo más rápido que tu oratoria, pierdes modulación, vocalización y te trabas. Por eso cuando te vayas a grabar con un guion, interioriza antes el texto, de modo que puedas hacerlo sin este aparato electrónico, aunque lo vayas a usar. Así comprenderás previamente lo que vas a leer y podrás darle intencionalidad, que es de lo que se trata.

EJERCICIO 9: TELEPROMPTER

Busca un texto, copia y pégalo en la herramienta Teleprompter de tu móvil. (Aplicaciones como CapCut la tienen integrada).

Puedes ajustar la velocidad del teleprompter y probar qué tal te desenvuelves y vocalizas.

Dale a grabar y lee el texto tratando de darle entonación y ritmo a la vez que haces una lectura adelantada.

¿Qué dificultades te surgen?

Al ver la grabación, ¿logras darle suficiente intencionalidad al texto o suenas muy plano?

¿Qué ocurre con tu lenguaje corporal? ¿Se te frunce el ceño por la concentración de leer o eres capaz de expresar los matices del texto a través de tus gestos?

El discurso sucio

Un discurso trabajado debe ser un discurso «sucio». Un discurso que has escrito valorando tu propósito, tu «para qué», en el que has buscado los puntos de conexión emocional con tu audiencia, con ejemplos, humor y un mensaje poderoso bien estructurado y aterrizado en puntos concretos. Nada de divagar o de frases que no llegan a ningún lugar.

Y ahora que ya lo has revisado unas cuantas veces, decides imprimirlo y tomas bolígrafo y subrayador (uno o varios, dependiendo de si eres muy visual y necesitas resaltar las ideas por colores) y lo vuelves a leer, tachas algunas palabras que sobran porque recuerdas la frase de Antoine de Saint-Exupéry: «La perfección se logra cuando no hay nada más que quitar». Esta coincide con la máxima de un gran artista, anatomista, arquitecto, paleontólogo, botánico, escritor, filósofo, ingeniero, inventor, músico, poeta... Casi acabamos antes si digo lo que no era Leonardo da Vinci, quien decía: «La simplicidad es la máxima sofisticación».

Por eso también te has quitado esa falsa creencia de que tienes que decir muchas cosas para parecer que sabes mucho. Vas a decir mensajes muy concretos y seleccionados, y te has preparado para ello.

Boli en mano vas marcando la entonación de cada frase, flecha hacia arriba para indicar dónde subirás al agudo y flecha hacia abajo para saber en qué punto bajarás el tono. Y lo fundamental, dónde harás las pausas.

La pausa es la autoridad de la oratoria

Es importante que marques tus pausas en el papel. Puedes hacerlo con una línea recta que atraviese en perpendicular la línea de texto, de forma que cuando la veas sepas que has de detenerte. Por cierto, ese también es un buen momento para aprovechar a respirar.

Si quieres, puedes señalar con un + un ritmo más rápido y con un - una cadencia más pausada que te haga levantar el pie del acelerador o del piloto automático y así poder contar el mensaje con otro tempo.

Este ejercicio tan sencillo ¡te ha salvado la vida a la hora de pronunciar el discurso!

Porque ahora, delante de todos en el escenario, sientes que todo fluye. Sabes cómo arrancar, con qué entonación y energía saludar, y vas a sorprender a todos con un ritmo trepidante con pausas estratégicas y marcadas para resaltar esos tres mensajes poderosos que quieres decir.

Ese momento ya no sabe a nervios, sino a emoción, ilusión y reconocimiento. Y te sientes libre de contagiar esa emoción a los demás. Para tu sorpresa, en apenas unos segundos se crea un momento mágico de conexión con ellos. ¡Ese público que tanto te imponía y que te miraba serio y expectante, ahora te devuelve una mirada de complicidad!

Habías preparado un discurso de 3 minutos y has logrado aprovechar cada segundo, sin correr. No has hecho *el efecto metralleta*: ta, ta ,ta ,ta, ta, taaaaaa. Soltando palabras sin parar. Sí, en este error ya has caído otras veces. Los nervios y lo acelerado del corazón te hacían hablar a un ritmo más alto de lo habitual y ni siquiera te dabas cuenta. Pero hoy no.

Relax, nadie te persigue

> «Yo no puedo hablar en público. Me pongo supernervioso».

Era uno de los alumnos del máster universitario en el que doy clases. Le pedí que se pusiera delante de los demás y hablase.

Me encanta hacer este tipo de terapias de choque porque ayudan a quitarse los miedos bastante rápido.

El caso es que el tipo, de mediana edad, nos sorprendió a todos. No llevaba ni 30 segundos hablando y ya estábamos todos llorando de la risa. No nos reíamos de él, sino con él. Eligió contar un chiste para contrarrestar los nervios y lo cierto es que lo contó con tanta gracia que se llevó la ovación más grande de toda la clase.

¡No hay nada como hacer reír!

La cuestión es que se ponía tan nervioso cuando estaba delante de los demás que le salían hasta tics. El chiste en realidad era un mecanismo de autoprotección para no sentirse tan intimidado. El otro mecanismo era hablar muy deprisa. ¿Te suena? Es bastante común.

Hay personas que tienen un ritmo muy rápido al hablar y lo tienen tan dominado que son capaces de vocalizar perfectamente. Cuesta seguirles el ritmo, pero se les entiende. Un ejemplo de ello es la artista Adele. Uno de sus discursos más auténticos y graciosos es el que realizó al recibir el Premio Sherry Lansing Leadership el 7 de diciembre de 2023.[41]

En su intervención, Adele asegura que no es «chica de discursos» y que está muerta de nervios, pero lo cierto es que más allá de que pudiera sentirlos, maneja el discurso con maestría. Lo único que le delata es su aceleración al hablar. Más rápido en la introducción y con más calma y dominio

41. Discurso de aceptación de Adele al recibir el Premio Sherry Lansing Leadership el, 7 de diciembre de 2023. Disponible en: <https://www.youtube.com/watch?v=hrlF2qiUeJ0&ab_channel=AdeleFansClubArgentina>.

hacia el final. El público, todo mujeres, están totalmente entregadas al discurso, riendo cada ironía de Adele.

La cantante británica reconoce que tiene el «*gift of the gap*», un maravilloso juego de palabras que en español significa el «don del relleno». Así, asegura que puede hablar durante horas sobre «absolutamente nada».

Y eso es lo que acostumbra a sucederle a las personas que, por nervios, acaban cayendo en verborrea. Empiezan a hablar sin remedio y sin decir nada o diciendo todo el rato lo mismo y como pierden la noción del tiempo no hay quien les pare. Hasta que terminan y entonces se dan cuenta de que ni ellas mismas han escuchado nada de lo que han dicho.

Para ello hay dos remedios:

1. **Respiras y te ciñes al discurso en papel** que previamente has «ensuciado» y donde has marcado tus pausas y las cumples a rajatabla. Necesitarás ensayar mucho porque en el directo seguro que te aceleras.
2. **Aprendes a echar el freno**, a hablar en tercera en vez de en quinta marcha y a generar espacios para las pausas. Esto significa que aprendes a hablar por bloques o segmentos. Rápido hasta la coma (pausa) y rápido hasta el punto (pausa). Rápido hasta el dato que vas a destacar (pausa) y rápido hasta el siguiente punto. Y así continuamente.

El mayor peligro de acelerarse es perder vocalización y provocar que no nos entiendan. La solución aquí sería colocar las vocales en su sitio, de forma que las vocales «a, e, i» requerirán de una sonrisa, a cada vocal más tirante, y las «o» y «u», de un círculo con los labios y un sonido ubicado en el centro de la boca.

En oratoria, acelerarse es descontrolarse.

Suele ocurrir que te vas pisando las palabras y no te da tiempo a pensar en la siguiente porque ya estás encima de ella.

El problema no es menor. Puede hacer que te quedes sin palabras, es decir, en blanco en plena intervención. O puede ser que lo digas todo perfectamente, pero a un ritmo tan rápido que nadie consigue seguirte y tu discurso se pierde.

Si eres de esas personas que habla rápido, sigue el ejemplo de Adele.

Ella habla con un ritmo rápido, pero vocaliza y lo intercala con pausas cortas. Suficientes para que su discurso funcione a la perfección. Y al final, especialmente en el final, frena siempre.

El final es TU momento culmen y ese mensaje de conclusión no se puede decir corriendo.

Recuerda: Relájate. Respira. Nadie te persigue.

Es TU oportunidad. TÚ tienes el control.

No lo estropees con el *efecto metralleta* y ve pisando el freno en los mensajes importantes.

Silencio. Siente el control

> Con la palabra, el hombre supera a los animales, pero con el silencio se supera a sí mismo.
>
> PAUL MASSON

Quien maneja el silencio maneja la oratoria.

Y hay muchas conquistas dentro de un silencio.

La primera y más importante es la interior. Es sentirte capaz de pararte delante del público sin la presión, ni la prisa de arrancar a hablar.

Es la conquista de tu autoestima y autoconfianza. Es sentirte libre de ser quien eres, capaz de presentarte delante de los demás con naturalidad y autenticidad.

Porque sabes que la comunicación no va de ti, sino de tu público y que todo gira en torno a él. Y eso te quita el peso del protagonismo y te da las alas de la conexión.

Entonces no importa hacerlo «perfecto», sino hacerlo tremendamente «humano», es decir, cercano, real, experiencial. Importa lo que les haces sentir. Y cómo tu mensaje les puede aportar algo nuevo, distinto o interesante.

El silencio también es la conquista de la presencia, en la que eres capaz de estar en el único momento posible con plena conciencia del aquí y el ahora.

Ya no importa lo que haya sucedido antes, los problemas técnicos o personales, quien te ha precedido en la palabra o quien venga después. Tu mente ha de estar enfocada solo en una cosa: tu mensaje y tu público.

Y desde esa presencia magnética que no impone, sino que conecta, has de ser capaz de atraer a los oyentes a ese «aquí y ahora».

El silencio es no sentir la mirada de los demás como si fueran jueces, sino convertirlos en protagonistas y cómplices de tu discurso. Y es también la conquista del escenario, que ahora es tuyo. No por prepotencia o perfeccionismo, sino por conciencia escénica. Todo es parte de tu mensaje.

Con todos tus sentidos activados y enfocados en cómo se recibe tu mensaje, eres capaz de doblegar el silencio. Sí, doblegarlo, porque ya no lo percibes como una presión, un miedo o un vacío, sino como una oportunidad de reflexión compartida.

El silencio es mágico y necesario.

El silencio es expectativa y curiosidad.

El silencio es dramático y enigmático.

Es dominio y autoridad.

Por eso, para concluir este bloque de la voz debemos detenernos en este recurso vital de la oratoria.

Manejar el silencio es sentir que tienes el control del mensaje y de sus matices. Sabes lo que estás diciendo y cómo lo estás diciendo. Y por este motivo, eliges los puntos concretos para tus pausas estratégicas.

Veamos los usos del silencio más importantes.

Silencio de expectación

Es el que realizas ante de comenzar tu discurso o cuando quieres crear curiosidad y atención sobre el mensaje que vas a lanzar. Lo primero será anunciar que te dispones a contarles algo único, especial, diferente, increíble, sorprendente, etc., y después, provocas un silencio. Puedes incluso dar algunos pasos por el escenario antes de levantar la mirada de nuevo y revelar tu mensaje especial.

Ahora bien, si utilizas este recurso, asegúrate de que lo que viene a continuación es realmente bueno, porque recurrir a la expectación es un riesgo añadido. Si generas expectativas en tu público, cumple con ellas.

También podrías jugar con el humor y contar algo ridículo, absurdo o gracioso que sirva para rebajar la tensión de la escucha y relajar a tu público.

Un ejemplo sería: «Les voy a revelar algo que no he dicho nunca antes a nadie». SILENCIO... Y lo cuentas.

Recuerda: El público es muy curioso y a tus oyentes les encanta sentirse especiales. Esta es la razón por la cual este tipo de silencios, que tienen un punto dramático, suelen funcionar siempre bien.

Silencio de retención

Este silencio —o más bien, pausa— es fundamental para mejorar la comprensión y el impacto emocional del mensaje. Y su efecto se ha analizado también a nivel cognitivo. En el año 2010 en la revista *Neuropsychologia* se publicaba el estudio de MacGregor, Corley y Donaldson sobre cómo estas pausas afectan la comprensión auditiva.[42] Los investigadores encontraron que las pausas y los silencios permiten que el cerebro procese la información en segmentos manejables, lo que facilita mucho la retención de ideas.

Este tipo de pausas son especialmente aconsejables en presentaciones orales largas, donde los oyentes realmente necesitan esos momentos de «descanso cognitivo» para asimilar conceptos importantes.

Sin estas pausas, el cerebro experimenta una «sobrecarga cognitiva» y disminuye significativamente la retención de la información presentada.

> Ejemplo: «La nueva estrategia de la compañía supondrá una deuda de 175 millones de euros, cuya financiación a través de inversores ya se ha hecho efectiva.
> (pausa)
>
> »Esta operación se produce en un contexto de crecimiento general: hemos registrado una cifra de ventas de 1.026 millones de euros en el segundo trimestre de 2023.
> (pausa)
>
> »Y esto supone un 17 % más que en el mismo periodo del ejercicio anterior».

42. L. J. MacGregor, M. Corley y D. I. Donaldson (2010), «Listening to the sound of silence: Disfluent silent pauses in speech have consequences for listeners», *Neuropsychologia*, 48(14), 3982-3992.

Silencio de énfasis

Si bien se puede enfatizar como hemos visto anteriormente elevando el volumen o bajando el ritmo, también se puede realizar ese énfasis a través de un silencio que se convierte en el subrayador oral de tu discurso.

El actor y especialista en oratoria estadounidense Gary Genard,[43] explica en uno de sus artículos cómo este silencio puede aumentar el impacto emocional y la claridad del mensaje. Es una especie de «oasis» que evita la fatiga mental y mantiene el interés.

Si utilizamos el ejemplo anterior, haremos esta pausa antes de un dato relevante:

> Ejemplo: «La nueva estrategia de la compañía supondrá una deuda (pausa) de 175 millones de euros, cuya financiación a través de inversores ya se ha hecho efectiva.
>
> (pausa)
>
> »Esta operación se produce en un contexto de crecimiento general, hemos registrado una cifra de ventas (pausa) de 1.026 millones de euros en el segundo trimestre de 2023.
>
> (pausa)
>
> »Y esto supone un 17 % más que en el mismo periodo del ejercicio anterior».

43. G. Genard (2022), «The Power of the Pause: Why You Need It in Your Presentations». Disponible en: <https://www.genardmethod.com/blog/the-power-of-the-pause-why-you-need-it-in-your-presentations>, <https://www.genardmethod.com/>.

Silencio de conexión

Las pausas también mejoran la conexión con el público. ¿Recuerdas los elementos del *cóctel perfecto*? En él hablábamos de cómo la oxitocina es necesaria para la conexión emocional entre orador y público y para la retención de los mensajes.

También hablamos de cómo activar el sistema de recompensa. Y para ello necesitamos estos silencios que permiten a los oyentes reflexionar sobre lo dicho y, muy importante, anticipar lo que va a venir. Si aciertan, ¡dopamina! Y si no, más curiosidad y atención.

El silencio se puede volver cómplice cuando, por ejemplo, lanzamos una pregunta al público y esperamos su respuesta. Es un silencio que genera participación y curiosidad. Y, además, ya sabemos que el cerebro se ve siempre obligado a contestar.

Muy indicado para evitar que la atención decaiga en discursos largos o intensos.

Silencio de autoridad

Este silencio se produce cuando el ponente tiene tal dominio de la oratoria que ya no es tanto una pausa como un silencio. Podríamos decir que el orador le pierde el miedo al silencio, pero no el respeto. Y, por ende, sabe manejarlo con inteligencia.

Este tipo de pausas son más prolongadas y permiten al orador generar un ambiente de escucha y atención únicos.

Eso sí, ha de medir muy bien en qué momentos los realiza, puesto que no se puede abusar de este recurso, ya que pierde su efecto.

Este silencio otorga autoridad al orador por su manejo del *momentum* de su oratoria y está siempre calibrado en función del ambiente que perciba en el público.

Un silencio especialmente indicado para el momento final.

Volvamos al escenario:

Si recuerdas, habías mantenido un ritmo cadencioso y estabas a punto de anunciar el final de tu discurso de 3 minutos...

¿Sabrías decirme qué estrategia utilizas en este momento crucial?

¡Efectivamente! La pausa dramática.

Aprovechas para mirar al público de nuevo. Miras a un lado y a otro de la sala y concluyes con ese mensaje que podías decir con los ojos cerrados y hasta cantando bajo la ducha. Pero ahora lo dices entre pausas, con seguridad y rotundidad.

¡Y la sala rompe en aplausos!

Tras la ovación vuelves al centro del escenario y te haces la foto de rigor antes de regresar a tu asiento. En la fila de butacas llegan las primeras palmaditas en la espalda y estos comentarios que en el cóctel te repiten otras personas que se acercan a ti para darte la enhorabuena.

«¡Redondo! ¡Te ha salido redondo!».

«¡Lo has bordado! Qué discurso».

«¡El mejor discurso de la noche!».

«¡Quién lo iba a decir, si te has metido a todos en el bolsillo! Vaya piquito de oro teníamos aquí y nosotros sin saberlo...».

Estás alucinando con el efecto de tu discurso. Es como si te hubieras vuelto magnético. La gente se ha quedado con el mensaje que querías transmitir y mucho más: también con las sensaciones y la emoción del momento.

Y lo mejor de todo, te has demostrado que eras capaz. Has manejado el tempo, el tono y la pausa y te sientes plenamente satisfecho. Has pasado de los nervios al manejo del silencio y la sensación ha sido muy poderosa.

¡Ya estás pensando en la siguiente oportunidad para seguir practicando tu oratoria!

EJERCICIO 10: EL SILENCIADOR

Supera el miedo al silencio con este sencillo ejercicio. Grábate a cámara durante 30 segundos sin realizar ningún gesto ni pronunciar ninguna palabra, enfócate solo en dominar el silencio y no en que el silencio te domine a ti.
Después de grabarte, pregúntate:

1. ¿Cómo me he sentido en el silencio?
2. ¿Qué decía mi lenguaje corporal mientras estaba callado? ¿Se me notaba incómodo?
3. ¿Me siento más capaz de realizar silencios intencionados?

Tu mensaje final

Solo una idea puede reinar

Ha pasado una semana de tu discurso y aún hay personas que te siguen felicitando. Esto te ha hecho reflexionar. ¿Qué ha motivado tanta reacción? ¿Por qué este discurso ha sido distinto a otros que habías realizado antes?

Has releído unas cuantas veces ese discurso y te has dado cuenta de que había un elemento clave: tenía una estructura clara con una idea poderosa que compartir con los demás.

A veces malinterpretamos la oportunidad que supone hablar en público y optamos por querer contar muchas cosas en poco tiempo. El efecto que suele producirse es la saturación.

Hoy sabemos que retenemos muy poco y más en el contexto actual, lleno de impactos y estímulos. Una de las voces expertas en escucha consciente y comunicación, Julian Treasure, investigador y conferenciante, ha abordado en varias investigaciones y charlas la importancia de mejorar nuestras habilidades de escucha, porque la realidad es que del cien por cien del discurso, los oyentes no retienen más de un 25 % de lo que escuchan.

Así lo desarrolla en su charla TED «5 ways to listen better».[44] En ella explica que, aunque pasamos aproximadamente el 60 % de nuestro tiempo de comunicación escuchando, en promedio solo retenemos alrededor de una cuarta parte de todo lo que oímos. Y, eso, siempre que estemos realmente prestando atención y en un entorno de escucha favorable, sin mucho ruido ni distracciones.

Por este motivo, una estrategia inteligente es seguir la **teoría del iceberg**[45] de Ernest Hemingway, también conocida como la «teoría de la omisión». Te va a resultar muy fácil de entender y de aplicar.

Piensa que el cerebro funciona como un buscador, un Google de conceptos. El objetivo es facilitar ese proceso de búsqueda.

Consecuentemente, en vez de saturarlo con información, lo que haremos será contar una pequeña parte, mientras que

44. Charla de J. Treasure, «5 ways to listen better». Julio de 2011. Disponible en: <https://www.ted.com/talks/julian_treasure_5_ways_to_listen_better?subtitle=en&lng=es&geo=es>.

45. En una entrevista de 1958 en *The Paris Review*, Hemingway habló de esta teoría. Fuentes que exploran esta teoría: *Ernest Hemingway on writing* —editado por Larry W. Phillips— y *Hemingway's theaters of masculinity*, de Thomas Strychacz. Además, *Ernest Hemingway: A life story*, de Carlos Baker, su biógrafo, ofrece un análisis sobre su estilo y la influencia de esta teoría en sus escritos.

el resto permanece implícito, como en un iceberg que flota en el hielo y cuya mayor masa está debajo del mar.

Será su cerebro el encargado de conectar los puntos y rellenar con información propia esos vacíos o síntesis realizados de manera consciente.

Esta teoría subraya que el lector no necesita todos los detalles, sino que puede deducir o sentir el subtexto y los significados profundos a través de lo no dicho. Hemingway desarrolló este estilo para enriquecer el impacto emocional y la profundidad de sus textos sin sobrecargar al lector con detalles explícitos.

Veamos con más detalle cómo lograba este periodista y escritor estadounidense atrapar al lector.

Principios clave de la teoría del iceberg

Economía de palabras y precisión: Hemingway creía en una escritura concisa, evitando explicaciones innecesarias. En lugar de describir emociones y motivos de modo directo, mostraba las acciones y diálogos, permitiendo que el lector interpretara las emociones ocultas.

Impacto emocional y profundidad: Aunque su prosa parece simple y directa, las omisiones intencionales que realiza crean un vacío que el lector llena con sus propias experiencias y emociones. Esto genera un vínculo más profundo, donde el lector se convierte en cocreador del significado.

En cuentos como *Hills like white elephants*,[46] Ernest Hemingway apenas menciona el tema real (un aborto) en la conversación entre los personajes. La tensión, los sentimientos y los conflictos están sugeridos, no explícitos, logrando un efecto poderoso de introspección.

Aplicación en oratoria

Esta teoría también puede aplicarse a la comunicación efectiva. Al omitir ciertos detalles y permitir pausas, invita a la audiencia a reflexionar e interpretar. Esto facilita la retención del mensaje, dado que consigue que la audiencia mantenga un papel activo para descubrir los significados subyacentes: un sistema de recompensa activado que genera un impacto más duradero y personal.

Pero lo más significativo es el enfoque minimalista de la información del estadounidense, siempre siendo conscientes de que la capacidad de comprensión no es la misma en un texto oral que escrito.

Esta teoría conlleva un cierto riesgo y es que el oyente rellene de manera errónea esas omisiones intencionales. Por eso, siempre aconsejo dejar muy clara la conclusión. Es la forma más segura de no llevar a equívocos y asegurarse de que el mensaje se comprende de la forma deseada.

Y es que una cosa es alargarse o detenerse excesivamente

46. Ernest Hemingway, «Colinas como elefantes blancos» (1927). De *Hombres sin mujeres*, Nueva York, Charles Scribner's Sons.

en los detalles y otra muy distinta, no cerrar de manera clara y rotunda tus mensajes. Y suele ser un error bastante habitual. El clásico: «Y eso es todo» o «Y nada más».

Tendemos a pensar que está muy claro o que es muy obvio lo que queremos decir y nada más lejos de la realidad. En Programación Neurolingüística se dice que «el mapa no es el territorio», es decir, que si bien nos movemos en un mismo contexto, cada uno aplica sus propios filtros culturales, académicos, vivenciales, emocionales... Concluir con un mensaje muy abierto puede suponer que cada uno lleve esa conclusión a su propio mapa personal que nada tenga que ver con lo que queremos decir.

La conclusión es demasiado importante para dejarla en el aire. Lleva siempre a tu audiencia hacia una conclusión concreta, firme y clara.

Teniendo en cuenta esto, la teoría del iceberg de Hemingway me parece acertada.

El objetivo es evidente: no saturar. Si la retención es poca y la atención decreciente, como se ha comentado con anterioridad, la mejor estrategia nos lleva al mismo lugar: una sola reina debe reinar.

De todo lo que quieras contar en tu discurso, haz limpieza y quédate con solo una idea principal. Y después, organiza tu discurso de manera que favorezca la retención de dicha idea.

Me gusta mucho la frase de Seth Godin, empresario, escritor y conferenciante: «Si no puedes decirlo en menos de diez palabras, no tienes una idea».

Este es el mejor filtro para saber si tenemos clara la idea

que transmitir. Si necesitamos más de una frase para explicarla es que todavía no la tenemos lo suficientemente definida. Una vez que tengas tu *idea reina*, construye la estructura de tu discurso, es decir, las ideas o argumentos que se ramifican de esa idea y no tengas miedo en repetirla

Suele funcionar muy bien la técnica de «los tres digos»:

- Digo de qué les voy a hablar. Generas expectación y le das valor a lo que vendrá.
- Digo lo que les quiero transmitir. Sustentas tu idea con argumentos y emociones.
- Digo de nuevo de qué les he hablado. Recuerdas tu idea reforzándola al final.

Crea tu propio sistema solar

Me gusta comparar la estructura del discurso con el sistema solar, porque ayuda a entenderlo de forma muy sencilla.

Tu idea principal es el Sol y tus ideas secundarias, los planetas que giran alrededor.

La idea que más brilla, que es el factor principal y da sentido a todo, es el Sol. Los argumentos, ejemplos, historias que suman, apoyan y giran en torno a esa idea principal son los planetas. Y si en el sistema solar no todos los planetas tienen el mismo tamaño, tampoco tendrán la misma relevancia todas tus ideas secundarias.

Algunas serán fundamentales y otras pueden llegar a ser prescindibles en caso de que tengas que acortar su duración.

Tu discurso ha de estar concebido para que, aunque tengas que recortar 5, 10 o 15 minutos, siga teniendo sentido y estructura.

¡Cuidado! No tienen que presentarse en orden de importancia, sino pensando en mantener la atención.

Y aquí hay muchas formas de organizar un discurso o presentación. Las estructuras ×3 son éxito asegurado:

> «Los tres factores que más inciden en...» o «Las 3 claves para triunfar en la restauración».

También podemos optar por establecer un conjunto de puntos que funcionan mejor en estructuras ×5, ×7 o ×10. Lo que vendría a ser:

> «Los cinco puntos más relevantes en el mercado inmobiliario actual».
>
> «Siete aplicaciones de la Inteligencia Artificial que...».
>
> «Decálogo para una mejor comunic-acción».

Más de diez es contraproducente, entramos en terreno de saturación. Recuerda la máxima: «Menos es más».

Es mejor dejar a tu público con ganas de más, que sobrecargarlos de información.

EJERCICIO 11: ORGANIZA TU DISCURSO

Hay muchas formas de organizar tu discurso. La estructura básica es:

Introducción- que capte la atención y genere conexión.

Presentación-*Ethos*: Quién eres y por qué escucharte. Establece tu autoridad en la materia de manera breve y atractiva.

Desarrollo- que sea creíble, lógico y atractivo manejando distintos estímulos y *storytelling*.

***Logos* (razón) + *Pathos* (emociones)**: Casos de estudio, datos, informes, historias, casos de éxito, dinámicas...

Conclusión- que reafirme tu idea reina de forma convincente, emocional y memorable apelando de nuevo al *pathos* y *ethos* como ponente.

Este esquema es una propuesta básica que busca ayudarte a plasmar tu idea reina, los argumentos subordinados y su formato para trabajar con diferentes estímulos manteniendo la atención hasta el final.

1. **¿Cuál es tu idea reina?** Al más puro estilo TED, busca una idea que valga la pena compartir y que puedas resumir en menos de 10 palabras.
2. **¿Qué ofrece esa idea?** (promesa de valor). Ya sea una nueva perspectiva, una experiencia personal que inspire o una solución innovadora.
3. **¿Cómo impacta en el público?** De qué forma la harás atractiva y convincente para ese público específico utilizando argumentos, datos, ejemplos e historias apropiadas.

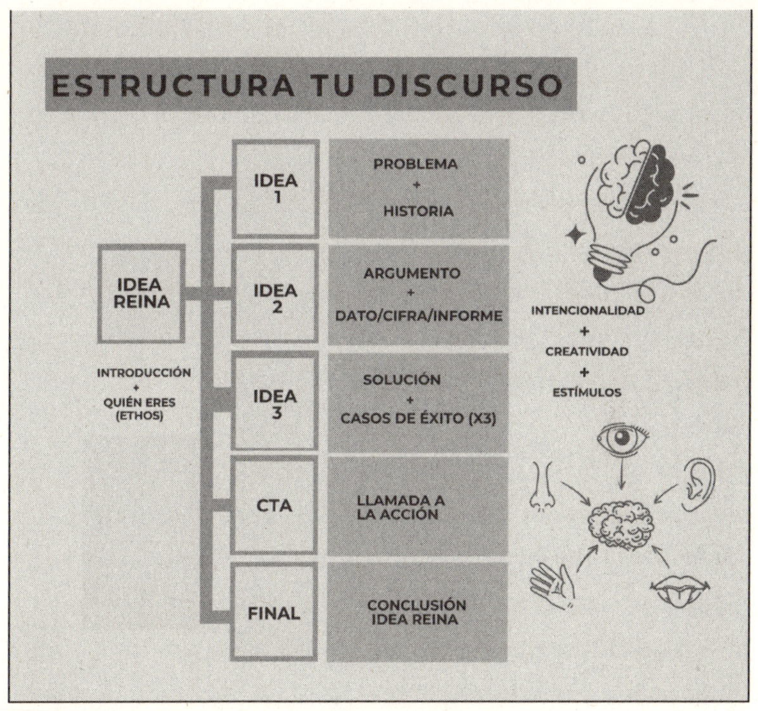

Llamada a la acción

No todos los discursos requieren de una llamada a la acción. Hoy se utiliza mucho esta expresión, que en marketing se denomina CTA (*call to action*), porque se añade frecuentemente en los *reels* en las redes sociales. Se trata de un recurso habitual de la publicidad y textos comerciales.

Sin embargo, no es imprescindible en un discurso. Tu intervención o presentación puede funcionar igualmente sin este recurso, aunque es muy interesante como estrategia para generar reacción y compromiso en tu público.

En la oratoria clásica no existía este concepto como tal, sino que estaba implícito dentro de la propia estructura del discurso. Recordemos que las escuelas de oratoria nacieron con dos objetivos claros:

1. Convencer a la Asamblea sobre una determinada idea o acción política.

2. Defenderse ante el poder judicial en unos juicios donde no había abogados, sino que cada ciudadano debía defenderse a sí mismo, y el jurado eran sus propios conciudadanos.

Para que la llamada a la acción funcione bien, es necesario crear una atmósfera adecuada en el discurso. Diferenciemos aquí entre el guion para un *reel* —que busca atraer la atención del usuario con la intención de lograr una acción por su parte— y una intervención en público donde el orador se juega muchas más cosas, pues su mensaje no se puede parar, ni volver a grabar.

¿Cómo logramos una llamada a la acción efectiva? Lo primero, hemos de entender dónde situarla; normalmente se emplaza justo antes de la conclusión final. Hay una razón clara y es que el orador ya ha establecido:

- Conexión emocional con los oyentes.
- Credibilidad como orador sobre el tema.
- Interés en saber más gracias a argumentos creíbles y convincentes.

El CTA, en realidad, es consecuencia de la persuasión del orador que es capaz de motivar a la acción a sus oyentes.

Y esta es precisamente la base de *Retórica*.[47] Aristóteles destaca tres elementos clave para influir en el público de manera efectiva, es lo que denomino la TRIADA DEL DISCURSO:

***Ethos* (credibilidad):** El orador ha de establecer una conexión de confianza y autoridad con su audiencia, ya que esto genera credibilidad y disposición a escuchar y aceptar el mensaje. Sin *ethos*, es difícil que el orador inspire ninguna acción.

***Pathos* (emoción):** Este elemento es crucial para que la audiencia no solo escuche, sino que sienta el mensaje. Según Aristóteles, evocar emociones específicas en el público como la esperanza, el miedo o el entusiasmo es esencial para impulsarlos hacia una acción concreta. Las emociones actúan como catalizadores que mueven a las personas de la pasividad a la acción.

***Logos* (lógica y razón):** Finalmente, Aristóteles sostiene que una argumentación lógica y clara es fundamental para una persuasión efectiva. Un discurso estructurado y racional apela al sentido común del público y refuerza la llamada a la acción, asegurando que el mensaje no solo sea emotivo y confiable, sino también comprensible y justificado.

Estos tres ingredientes son fundamentales en cualquier intervención, incluso aunque esta dure 30 segundos. Si analizamos un ejemplo de guion para un *reel* veremos que llevan incorporada la esencia de esta estructura, pero no en el mismo orden.

47. Aristóteles, 1354 a.C. *Retórica*.

***Pathos* (emoción):** Presentan un problema o necesidad del público desde un punto de vista emocional, que facilita que el usuario se detenga para verlo.

***Logos* (lógica y razón):** Expresa qué implicaciones tiene ese problema con una argumentación lógica, clara y rápida.

***Ethos* (credibilidad):** El orador proporciona un consejo de valor que soluciona ese problema o necesidad y explica fugazmente quién es para hablar del tema en cuestión.

CTA: Llamada concreta a la acción, ya sea darle un «me gusta», al botón de «Seguir» o escribir una palabra clave en comentarios y generar un *lead*.

Cierre: Concluye con una frase final de valor que engloba la idea del *reel*.

Pasan los siglos pero la sabiduría recogida en *Retórica* perdura. Para Aristóteles estos tres elementos, en conjunto, eran esenciales para persuadir a la audiencia de realizar una acción específica.

Cuando prepares tu intervención o presentación, asegúrate de haber generado estos tres factores con tu discurso, de modo que tu audiencia no sienta tu llamada a la acción como algo violento, sino como una consecuencia coherente, directa y efectiva que tu mensaje ha provocado en ellos. Es decir, tan importante como preparar una llamada a la acción es provocar en el público las ganas de responder a esa llamada, de forma que cuando llegue el momento esta se produzca naturalmente.

La reputación es un bien muy preciado para un orador y

se trabaja desde el primer segundo, antes incluso de subir al escenario. Por eso, me parece muy acertado concluir este punto con la frase del empresario multimillonario Warren Buffett: «Cuesta veinte años lograr una reputación y solo cinco minutos arruinarla. Si piensas en ello, harás las cosas de manera diferente».

TRIADA DEL DISCURSO

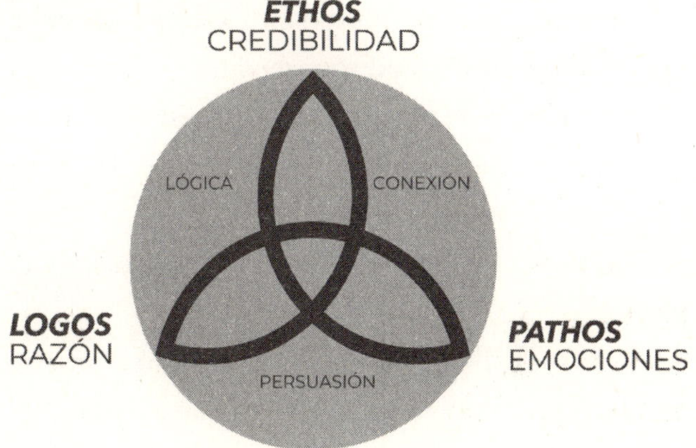

El regusto final

> La forma de ganarse una buena reputación es esforzarse por ser lo que uno desea aparentar.
>
> Sócrates

El éxito de tu discurso depende del momento final. Son solo unos segundos que pueden elevar tu discurso hasta la ovación o provocar una reacción tibia o desdeñada.

Nos preocupamos tanto de nuestros inicios que se nos olvida rematar un final espectacular. Piénsalo, si hemos preparado un inicio WOW, ¿cómo habrá de ser el final?

No quiero añadirte más presión, no tiene que ser un final de fuegos artificiales, pero sí ha de ser indefectiblemente **un final rotundo y de valor**. Y así ha de *sonar* también. Pon atención a tu voz.

Debe ser un final que aúne tu *pathos*, *logos* y *ethos*.

Un final claro, conciso y sencillo.

Un final aterrizado en una conclusión poderosa.

Un final que recoja tu esencia y que se recuerde, sobre todo, por el buen sabor que deja.

Ha de ser un final en el que experimentes una conexión total.

Pero más allá de esas precisas palabras, los gestos o la intencionalidad, hay otra cosa: Y es que lo más importante del proceso comunicativo es cómo hacemos sentir a quienes nos escuchan.

Esa es la huella más duradera, la que construye tu reputación y determina si eres lo que pareces o pareces algo que no eres.

Una huella cuya impronta se va marcando durante el discurso y se enfatiza en el final.

Me gusta decir que no puedes comunicar aquello que no tienes, solo puedes comunicar aquello que eres.

La oratoria puede malinterpretarse como el arte de situarte por encima de los demás por el hecho de defender mejor tus ideas y ser más persuasivo en tus convicciones. Este tipo de oratoria solo alimenta el ego.

Déjame que te cuente una experiencia personal.

Nadie estamos a salvo del ego, especialmente los que venimos de profesiones con una alta exposición, como los periodistas, y más aún en medios como la televisión.

Durante años he convivido con el ego, el mío propio y el de mis compañeros. El ego es como un inmenso agujero negro que todo lo atrapa, incluida tu propia luz. Siempre necesita más, siempre quiere más y, como se alimenta de perfección, nunca está satisfecho.

Realmente, cuando miro atrás pienso en cuántas oportunidades he perdido por no ganarle la batalla a este ego insano, por no concederme ser mi «yo más auténtico» y vibrar con aquello que más me apasionaba, en vez de dejar que la perfección me atrapase.

Ese tratar de agradar, de hacerlo como se esperaba, como entonces pensaba que «había que hacerlo» mataba mi creatividad y mi conexión interior.

La naturalidad es una conquista porque has de soltar muchas anclas para lograrla.

La primera de ellas es el **ego de lo perfecto**. Ese estándar inalcanzable que te somete al juicio o, todavía peor, a la aprobación de los demás. Y si no logras ese reconocimiento es que no vales. Ese ego que te hace ver siempre el vaso medio vacío, dado que siempre ves defectos y errores y pides perdón, en vez de dar gracias por tus talentos. Y te pones excusas porque, evidentemente, ¡nadie es perfecto!

La siguiente ancla es el **ego de inferioridad**. Ese que te hace sentir que nunca eres suficiente, que no te lo mereces porque todavía no eres «lo suficientemente» buena, sin que realmente sepas o te hayas cuestionado siquiera qué es «lo suficiente».

Este otro agujero te sumerge en las profundidades de la insuficiencia. Según la Real Academia de la Lengua Española, sus sinónimos son: «deficiencia», «incapacidad», «incompetencia», «ineptitud», «ignorancia», «impericia».

Ante este escenario, ¿cómo vas a poder brillar? La luz, tu propia luz, queda muy lejos...

En la tercera es el **ego de la soberbia**. Ese que ve en cada situación una competición y te lleva a querer quedar por encima de los demás. Odias perder porque no asumes que otros puedan hacerlo mejor y porque eso sería igual que decir que tú no vales.

Un ego que te aleja de la humildad, aunque a veces se vista de falsa modestia. Y que siempre te lleva a tropezar con la misma piedra, los mismos errores que te hacen sentir de nuevo que no eres suficientemente bueno y que solo lo serás si te impones a los demás.

Estas páginas no pretenden ser un análisis pormenorizado y académico, ya que hay muchos estudios y publicaciones sobre el ego. Desde el punto de vista psicológico, el ego se define como la instancia que da identidad a la persona permitiendo la reafirmación del «yo soy».

Podríamos distinguir entre un ego «sano», que te hace diferenciarte y reconocerte como individuo con tus talentos y defectos, que bebe de la aceptación y la autocompasión, y un ego «malo» que te arrastra a creencias, pensamientos y comparaciones continuas y egoístas.

¿Qué hay detrás de este ego insano? Miedo, inseguridad, insuficiencia, soberbia, envidia...

Estas líneas quieren ser una reflexión para autocuestionarnos desde dónde estamos comunicando.

Y me gusta la cita de Sócrates, porque introduce en una misma frase dos conceptos muy poderosos y hasta antagónicos: SER y PARECER.

Hazte estas tres preguntas fundamentales cuando prepares tu gran final. Sé honesto:

1. ¿Para qué quieres ser realmente un gran comunicador?
2. ¿Para qué estás realizando ese discurso, presentación o intervención?
3. ¿Qué quieres conseguir con tu oratoria, tu propósito más allá de la acción concreta de comunicar?

He pasado por momentos de alta tensión: atentados, asesinatos, avisos de bomba, programas especiales, visitas reales, simulacros militares... He estado en plató siendo «la cara visible» de distintos programas en diferentes etapas y otras tantas, a pie de calle y micrófono en mano.

En mi interior siempre he tenido conciencia de equipo y nunca me he sentido por encima de ningún compañero por el hecho de presentar o cubrir determinados temas; al revés, lo que he sentido ha sido el peso de la responsabilidad.

Para mí la televisión es un engranaje de equipo donde nada sale si no se rema en la misma dirección. Si supieras, hay decenas de personas trabajando para poder emitir un reportaje de un minuto. Si soy honesta contigo y lo quiero ser, erraba en mi finalidad última. Era vanidad, era reconocimiento, era ego.

Y mis luchas interiores tenían más que ver con la autoestima y autosuficiencia que con la soberbia o la envidia. Hasta que un día me demostré y convencí de que era suficiente y que no tenía que demostrar nada, sino SER. Ser mi mejor versión y poner mi talento al servicio de los demás.

Cada uno sabe en qué aguas navega y qué anclas arrastra.

El ego es demonio y maestro. Son los momentos más duros, los fracasos o las desilusiones los que más nos enseñan. Porque en medio del océano de nuestros miedos y sueños, cada uno navega a veces sin puerto y otras con un rumbo fijo.

Son los valores los que nos guían en el camino. La brújula a la que recurrir en momentos de duda o gloria.

La mayor tentación del buen orador es precisamente el ego. Por eso en el camino se necesita constantemente la brújula. También en los momentos finales de tu discurso. Y da igual si está yendo todo viento en popa a toda vela, si la conexión está siendo real y auténtica, o si no está saliendo tan bien como querrías y el ego de la perfección o la soberbia asoma.

Siempre, pregúntate: ¿para qué estoy delante de estas personas?

Tu final no es tuyo, es suyo.

Es el regalo que depositas en ellos.

Cuando el final se dice desde el corazón y no desde el ego, el público lo nota.

Recuerda lo poderosa que es la intuición. Nuestro cuerpo lo sabe antes que nuestra mente.

Y el público, de una manera u otra, lo percibe y lo sabe.

Si ha ido bien, celébralo con ellos.

Si ha ido mal, ábrete y sincérate con ellos.

Si hasta ese momento no sabrías decir si está yendo bien o mal, aprovecha el final.

El mejor regalo que podemos hacer a los demás es ser nosotros mismos.

Conectar con ellos y sentir que ya no sois un «tú» y un «vosotros», sino un «nosotros».

Ojalá haya autenticidad y naturalidad.

Y no haya miedos, ni frenos.

Ojalá dejes en ellos un maravilloso regusto final.

Tú tienes el control

Autenticidad y estilo personal

> Quien es auténtico asume la responsabilidad por ser lo que es y se reconoce libre de ser lo que es.
>
> Jean-Paul Sartre

Este libro no trata solo de mejorar tus técnicas al hablar en público, dado que esta es una habilidad que se mejora con la práctica. Si realizas los ejercicios, sales de tu zona de confort y comienzas a construir tu propio relato es seguro que acabarás perfeccionando la técnica y tus resultados.

La oratoria es un arte eminentemente práctico que se mejora con la acción, exposición y reflexión. Por tanto, solo hay un camino: pasar a la comunic-acción.

Además, estas páginas también buscan dos objetivos muy claros:

1. **Despre-ocuparte:** Ayudarte a que sueltes miedos y frenos personales que te impiden ser tú al hablar en público, sea en una reunión o sobre un escenario multitudinario. Y ocuparte en solo una cosa: construir un mensaje atractivo que conecte y aporte valor a tu público.
2. **Empoder-arte:** Hacerte sentir el poder que ya hay en ti para comunicar y conectar con los demás. Y hacerlo como expresión de tu arte, de tu propia forma de comunic-arte, con tu propio estilo personal. Libera tu creatividad y lograrás diferenciarte e impactar.

Por eso espero que no dejes pasar más oportunidades permitiendo que otros hablen por ti o esperando un golpe de suerte.

En comunicación no hay suerte, sino preparación, adecuación al público, entorno y contexto y mucha mucha práctica.

Cuando antes empieces, antes sentirás el control. Es una maravillosa sensación, porque ya no te dominarán los nervios, ni se te olvidará lo que ibas a decir, ya no se te nublará la vista ni te temblarán las manos.

Me gustaría que te visualizaras ahora mismo sobre un escenario, en un auditorio o una sala llena de público mirándote. Y quiero que cierres los ojos y conectes con tu capacidad para controlar la situación.

Te mereces ser visto y escuchado. Te mereces comunicar con control y con pasión. Te mereces experimentar esa sensación.

¿Por qué ser auténtico hoy?

La naturalidad es donde confluye preparación con autenticidad.

Recuerdo la conversación como si fuera ayer. Hablaba con el presidente de una importante entidad madrileña, un líder de larga trayectoria en empresas multinacionales con presupuestos gigantescos, sobre la naturalidad y hablar en público.

Eso que parece tan fácil y es tan difícil.

Y me contó una experiencia reveladora que me gustaría compartir contigo.

Te pongo en contexto: ocupaba un puesto de máxima responsabilidad y debía presentar los resultados del ejercicio para la junta de accionistas e inversores. Era un asunto serio para el que se estuvo preparando ¡durante dos meses y medio con un equipo de seis personas!

Todo ello para un discurso de veinte minutos de duración. Imagínate, cada detalle estaba controlado al milímetro, incluida la presentación.

Llega el día, comienza su intervención y a los dos minutos tiene una sensación muy clara que activa las alarmas: «Houston, tenemos un problema: estoy perdiendo a la audiencia».

Y en ese momento, que podría haber sido de pánico absoluto, hace lo que todos deberíamos hacer: escuchar su intuición y cambiar de rumbo.

A partir de entonces, decide optar por un mensaje más auténtico y natural que logra conectar de verdad con aquel público.

Este alto ejecutivo pudo hacerlo porque lo había preparado intensamente y tenía muy claro lo que quería transmitir. Porque estaba seguro de sí mismo y tenía el firme convencimiento de no dejar escapar a su público. Un hombre de negocios, con mucho mundo, que sabía cómo conectar con ellos, mostrando seguridad y control.

Cambió la forma, pero no el fondo. Y se permitió hablar con «naturalidad».

Hay un mundo detrás de esta palabra.

La RAE lo define como: «espontaneidad», «sencillez», «franqueza», «sinceridad».

Y sus opuestos son: «artificialidad», «artificiosidad» o «afectación».

La naturalidad llega cuando dominamos el medio y el mensaje y nos permitimos ser auténticos.

Toda debilidad puede convertirse en una oportunidad. Lo digo porque vivimos tiempos de inmediatez donde imperan las urgencias, las prisas y las acciones multitarea. Además, nos relacionamos en un entorno con constantes interrupciones y estímulos. Vivimos pegados a un teléfono móvil y, paradójicamente, en la era de mayor información vivimos con gran desinformación.

En este contexto es fácil dejarse llevar por la corriente y entrar en piloto automático, perdiendo en el camino la esencia de la vida o, lo que es aún peor, nuestra propia esencia. Además, la Inteligencia Artificial avanza cada vez más rápido y acabará realizando muchas de nuestras tareas.

Por eso quiero darte algunos argumentos poderosos que te convenzan de atreverte a destacar con tu personalidad.

Autenticidad es aquello que nadie puede copiar.

¡Y eso que vivimos en la era del «copia-pega»! Los demás ciertamente podrán copiar tus textos, tus discursos, tus contenidos en las redes sociales, tus productos o servicios, pero nunca serán como tú.

La presencia y la personalidad son dos factores fundamentales en el siglo XXI. Todavía no sabemos qué alcance tendrá el Metaverso, la realidad aumentada y la Inteligencia Artificial, pero sí podemos vaticinar que precisamente el avance tecnológico hará todavía más especiales las ocasiones en las que nos encontremos de manera presencial.

Poder escuchar, ver y sentir las sensaciones en primera persona seguirá siendo una experiencia única.

Y ese también será el momento de la verdad, de tu verdad.

Ciertamente vivimos en la era de las pantallas y, gracias a ellas, ya no hay fronteras, el mundo digital nos abre las puertas a múltiples realidades. Tantas, que quizá nos llegue incluso a costar diferenciar qué es lo real de lo generado. Y por eso, lo que se perciba como verdaderamente auténtico, aquellas personas que sepan traspasar la pantalla y contagiar esa aura de autenticidad, esas personas dejarán huella.

Los estudios más recientes también corroboran esta teoría.

1. Las personas auténticas generan más confianza:

Diversos estudios en el campo de la neurociencia y psicología organizacional han investigado cómo los comportamientos auténticos y confiables incrementan la percepción de confianza.

Por ejemplo, el estudio de Chen y Sriphon[48] sobre el teletrabajo durante la pandemia demostró que los líderes auténticos generaban mayor confianza en sus equipos, lo que redundaba en un alto nivel de cooperación y comunicación dentro de la organización.

2. La autenticidad aumenta el interés de tu audiencia:

Investigaciones de la Universidad de Stanford destacan cómo la comunicación auténtica impacta positivamente en diversos contextos personales y profesionales. Un estudio liderado por David Markowitz y su equipo en el Social Media Lab de Stanford[49] mostró que la autenticidad en el len-

48. J. K. C. Chen y T. Sriphon (2022), «Authentic Leadership, Trust, and Social Exchange Relationships under the Influence of Leader Behavior», *Sustainability*.

49. Disponible en: <https://sml.stanford.edu/publications/hancock-jt/authentic-first-impressions-relate-interpersonal-social-and-entrepreneurial>.

guaje es un predictor importante de éxito en interacciones interpersonales, discursos públicos y presentaciones empresariales.

Analizaron 294 conversaciones, 2.655 charlas TED y 478 presentaciones de negocios y hallaron que la autenticidad incrementa el interés de la audiencia, el compromiso social (medido en las redes sociales) y las probabilidades de recibir inversiones en iniciativas emprendedoras. En las redes sociales, los mensajes auténticos también generaron más interacciones, incluyendo los «me gusta» y «retuits» en un análisis de casi cuatrocientos mil tuits.

3. La comunicación auténtica permite un liderazgo más efectivo:

Los líderes que muestran autenticidad en su estilo de comunicación logran ser más efectivos en su tarea de liderar equipos, según un estudio de Korn Ferry (2020).[50] Esto se debe a que las personas están más dispuestas a seguir a líderes genuinos que no solo dicen lo que la gente quiere escuchar, sino que comunican desde su verdadera esencia.

Y otro estudio, de Gallup en 2017,[51] explica que el compromiso de los empleados aumenta en un 17 % cuando perciben un liderazgo auténtico y confiable. Este tipo de lide-

50. K. Ferry (2020), *The role of authenticity in effective leadership*. Disponible en: <https://www.kornferry.com>.

51. Gallup Inc. (2017). *State of the American Workplace Report*. Washington D C: Gallup Press.

razgo está relacionado con un aumento del rendimiento organizativo y hasta con una menor rotación de persona.

4. Autenticidad, fuente de bienestar emocional:

La autenticidad en las interacciones sociales se relaciona con una autoestima más alta. Las personas que se sienten cómodas siendo ellas mismas y expresando su verdadero «yo» reportan mayor sensación de satisfacción personal y autoconfianza, según un estudio de la prestigiosa investigadora Brené Brown de la Universidad de Houston, que también desarrolla en su charla TED «The power of vulnerability».[52]

Esto se debe a que la autenticidad reduce la disonancia entre el ser interno y lo que se proyecta al exterior, lo que genera mayor coherencia y seguridad.

Además, según la American Psychological Association, ser auténtico y fiel a uno mismo promueve una autoestima estable, puesto que quienes se comunican de forma genuina no dependen tanto de la validación externa. Es decir, que ya no estás constantemente buscando la aprobación de los demás, sino actuando desde tu verdadera esencia.

5. La autenticidad es la esencia genuina del SER:

No hace falta navegar por informes para darnos cuenta de los múltiples beneficios de la autenticidad. Hagamos un es-

52. B. Brown, «The power of vulnerability». Disponible en: <https://www.ted.com/talks/brene_brown_the_power_of_vulnerability?subtitle=en&lng=es&geo=es>.

tudio empírico ahora mismo: toma tu teléfono móvil y fíjate un segundo en tus redes sociales: ¿A quién sigues? ¿Quiénes son tus referentes? Quiénes son esas personas a las que te gusta seguir porque te aportan en tu día a día. Recorre un momento las stories de tu Instagram o navega durante unos segundos por tu red de referencia, LinkedIn o Tik-Tok.

Estoy segura de que les sigues porque hay «algo» especial en ellos, tienen «algo» distinto, atrevido, auténtico. ¿Qué es? ¿Cómo lo definirías?

Curiosamente, suele coincidir que esas personas que son un referente para ti también lo son para cientos de miles de personas más. Por algo será, ¿no crees?

EJERCICIO 12: COMPROMISO DE AUTENTICIDAD

Ha llegado el momento de preguntarte:

1. ¿Qué te da miedo realmente?
2. ¿Qué te impide ser auténticamente tú?
3. ¿Qué cambiarías hoy mismo para ser más tú?

Escribe tu compromiso de autenticidad contigo mismo enunciándolo en positivo:

Yo (nombre y apellido) ....
me comprometo a (rasgo de tu comunic-acción que vas a activar) ....
para aportar mi visión más auténtica sobre (tu visión experto) .... en el mundo.

Te llaman a ti por ser tú

El único modo de ser irreemplazable es ser diferente.

VILMA NÚÑEZ

Este es uno de mis puntos favoritos, porque una persona auténtica es creativa. Y las personas creativas se atreven a hacer las cosas de modo diferente. Son personas que piensan fuera de la caja, se arriesgan a salirse de lo convencional, a buscar otras formas de hacer y comunicar.

También son personas que no siempre encajan en todos los ámbitos.

A veces, son incomprendidas y minusvaloradas.

Y también son personas que aprecian el valor de la belleza.

Uno de los mayores pilares de la belleza es el equilibrio.

Por eso un discurso debe estar bien balanceado entre todas sus partes. Ni una introducción demasiado larga, ni un desarrollo demasiado pesado, ni una conclusión muy rápida. El equilibrio en comunicación también es importante.

Pero aún no realizando un discurso equilibrado, este puede ser bello y auténtico.

La belleza no siempre es perfecta y esto es especialmente importante respecto a la autenticidad.

La autenticidad no es perfección, es la fuente genuina, legítima y original que surge de nosotros mismos.

Ahora bien, ¿quién puede ser genuino y creativo yendo en piloto automático?

En esta era de las prisas y lo quiero para «ya», tenemos que concedernos el *«gift of nothing»*, es decir, el regalo de no hacer nada. Vaciar nuestra mente, aunque solo sea durante 3 minutos al día. Este reseteo cognitivo nos ayuda a limpiar nuestro cerebro de tantos estímulos y a ganar foco y presencia.

Es un ejercicio de *mindfulness* que podemos incorporar a nuestra rutina diaria y, especialmente, en momentos en los que necesitemos crear. Porque con agobio y estrés no se puede crear nada auténtico, por mucho que se lo pidamos a ChatGPT.

Un discurso es una creación.

Recuerda que eres pintor y que tus palabras crean ese mundo al que viajarán tus oyentes al escucharte. Un mundo pintado con tus conocimientos y emociones, y enriquecido por las vivencias, experiencias, emociones y sensaciones de tu público.

En el fondo, ¿qué es la oratoria? Es el arte de unir palabras que adquieren un significado concreto gracias a un mensaje específico en un momento determinado para un público establecido. Es tu creatividad, tu capacidad retórica y tu pericia lo que lo convierte en memorable, es decir, recordable.

Nuestro cerebro está diseñado para recordar aquellos mensajes que enlazan con la emoción, la creatividad y la imaginación.

Por eso es tan importante que no pintes en escala de grises y le des color a tus mensajes.

Tu estilo personal es tu marca distintiva.

¿Cuál dirías que es tu estilo personal al comunicar?

En el libro hemos visto muchos ejemplos: Pericles, Abraham Lincoln, Winston Churchill, Margaret Thatcher... Incluso y aunque nos cueste nombrarlo, Hitler.

Tu estilo personal es ese toque con el que impregnas tu comunicación.

Puede ser un tono de voz particular, como Morgan Freeman; unos gestos concretos, como la política alemana Angela Merkel; un ritmo concreto al hablar, como Adele; o una energía determinada con la que cuentes las cosas y la contagies, como Victor Küppers. También una empatía especial como la de Oprah Winfrey o un liderazgo auténtico como el de Michelle Obama.

Puede ser una manera única de vestirte, como Lady Gaga o Steve Jobs, o de relacionarte con los demás.

O también una manera graciosa o muy particular de contar las cosas, como David Broncano, el humorista español.

¿Cómo puedes identificar y desarrollar tu estilo propio?

Lo primero, mírate y escúchate. Encuentra tus propios matices, ya sea en tu manera de vestir, de hablar, en tus expresiones más personales, en cómo te gusta hacer las cosas, qué palabras eliges al hablar, etc. ¿Reflejan tu forma de ser y tus valores?

Lo ideal sería que vayas incorporando a tus mensajes todas esas experiencias, emociones y perspectivas personales que son solo tuyas.

Por ejemplo, algo absolutamente único son tus historias personales; entonces, genera un *storytelling* auténtico. No hace falta que sean historias ganadoras del Premio Nobel, han de ser tus historias.

Puedes añadirle toques de humor, creatividad, un punto de exageración o un tono de relato épico. Toda historia tiene un héroe y un villano, un conflicto y una transformación. ¿Cuáles son los tuyos?

La creatividad surge cuando logras expresar tu singularidad de modo novedoso y atractivo. Porque llegados a este punto, ¿por qué no hacerlo de manera diferente y creativa?

Si te sientes libre de ser tú mismo, te animarás a experimentar con nuevas formas de comunicarte: usar metáforas originales, incorporar elementos visuales, humor o juegos de palabras que expresen tu personalidad y te diferencien.

No se trata de crear por crear, sino de reflejar quién eres en lo que haces. Busca tu propósito, la huella que quieres dejar con tu comunic-acción.

Este tipo de creatividad tiene más impacto, ya que la audiencia percibe que hay una conexión real entre lo que haces y lo que eres.

Y al ser auténtico, tu creatividad no solo es estética o superficial, sino que tiene un propósito: expresar tu verdadero yo, tus ideas, tu visión del mundo.

Recuerda: La autenticidad y la creatividad te permiten expresarte desde tu verdadero ser, sin autocensuras.

Al comunicarte de manera auténtica, das espacio a:

- Un estilo propio
- Ideas originales
- Formas creativas de conectar con tu audiencia.

Esto no solo te hace destacar, sino que también fortalece tu marca personal. Serás capaz de generar un mensaje genuino, recordable y con impacto.

Comunica, impacta y lidera

> Creo firmemente que el mayor riesgo en la vida es no correr riesgos.
>
> Oprah Winfrey

¿Sabes cuál es la consecuencia directa de quienes se atreven a ser auténticos y comunicar de forma genuina?

Se vuelven magnéticos. Es una presencia que atrapa. Son personas que, por regla general, desarrollan la capacidad de escucha y de observación.

Son personas que leen el Lenguaje No Verbal de quienes les rodean y saben percibir gracias a su intuición el ambiente que se respira.

Todo ello les proporciona una gran cantidad de información relevante.

Y entonces se vuelve aún más cierta esa manida frase de: «El que mejor comunica gana».

Solo que aquí podemos darle una vuelta más y decir que: «El que mejor escucha y comunica, gana».

No hay liderazgo sin estas dos facetas. Son esas habilidades mal llamadas *soft skills*, pues en realidad son *power skills* tan demandadas hoy y que requieren de entrenamiento y desarrollo personal. Pero es seguro que quien las adquiere destaca y lidera.

Recuerda: No es lo mismo mandar que liderar. El verdadero liderazgo nace de una conquista interior y nos lo otorgan los demás por cómo les hacemos sentir y los resultados que logramos.

Por eso, antes de acabar, quiero contarte una última historia. La de una empresaria argentina, una mujer extraordinaria con una sensibilidad especial. Estábamos en mitad de un taller sobre comunicación cuando tuvimos esta conversación que me dejó en shock.

Me dijo que, aunque le estaba encantando el taller, no saldría a hablar delante de los compañeros en el ejercicio final. Me confesó que tenía pánico a hablar en público y que sufría muchísimo. Tanto que aun siendo empresaria no se atrevía siquiera a hablar a sus empleados.

La verdad es que su testimonio me conmocionó profundamente. A veces no sabemos hasta dónde pueden llegar los frenos personales de cada persona.

Con el respeto y cariño más absoluto, pero también con todas las ganas de impulsarle le invité a regalarse una primera vez. El ambiente del taller era propicio y favorecía su empoderamiento.

«No salgas de aquí sin haberte hecho este regalo», le dije y seguimos adelante.

Para sorpresa de todos, cuando llegó el final, salió a hablar.

Realizó su intervención con el corazón en la mano y no tengo palabras para reflejar la conexión absoluta, la descarga de empatía que provocó en el resto de los compañeros.

Habló sin titubeos, sin muletillas, con total franqueza y emoción.

¡Y nos conquistó a todos!

Aún recuerdo el abrazo que nos dimos. Atrevernos a comunicar nos da alas.

La comunicación siempre ha sido un factor determinante, ya lo era en tiempos de Aristóteles cuando no había internet, ni móviles, ni redes sociales.

Cualquier persona que aspire a liderar ha de saber comunicar. Es así.

Hoy, además, vivimos en la era de la Marca Personal, y quien no comunique y tenga una presencia digital activa se quedará atrás.

Las redes sociales se han vuelto el escaparate social y profesional del siglo XXI, y todos tenemos allí una parte muy importante de nuestra reputación.

Quién eres no depende de los likes o seguidores que tengas, pero sí determina las oportunidades que puedes alcanzar. La Marca Personal abre puertas, crea lazos y aumenta tu visibilidad, credibilidad y autoridad.

Tu presencia digital importa y aporta. O eso sería lo ideal, que aportásemos a los demás con nuestra visión y acción.

Tu Marca Personal puede estar construida sobre un castillo de naipes, pura imagen artificial, que con solo soplar se desmorona o puede estar construida sobre la roca.

La roca es tu esencia, tu verdad.

Y puedo darte todas las técnicas del mundo para hacer de ti un gran orador, muchas de las claves contenidas en este libro valen también para hablar a cámara y destacar en las redes sociales.

Pero más allá de la técnica, está lo auténtica que sea tu Marca Personal. Y si no aprendes a construirte sobre la roca, se acabará descubriendo la verdad.

A veces el que mejor comunica, miente. Lo sabemos.

Al mentiroso se le acaba pillando tarde o temprano. Le delatará su Lenguaje No Verbal, su ego, la forma en la que trata a los demás, etc.

En ocasiones no es que mintamos, es que nos equivocamos y lo hacemos mal. Y entonces toca ser coherente, reconocer el error y volver a empezar.

Otras veces lo que ocurre es que no nos atrevemos a dar un paso adelante. Y entonces toca ser valiente.

Si quieres impactar con tu comunic-acción, la primera victoria ha de ser personal.

Puedes fingir, pero tarde o temprano se nota.

La gente lo nota y lo cuenta a otras personas.

Y como hoy la reputación también es online, su efecto se multiplica por doquier para bien y para mal.

Ojalá trabajes tu Marca Personal para bien y para aportar, no solo para brillar.

Solo apto para valientes

Ser auténtico requiere valentía. Mucha, a decir verdad.

Llegados a estas últimas páginas, espero que hayas hecho algunas conquistas.

Hablar en público implica muchas cosas, entre ellas, valentía y honestidad.

Para mostrar quién eres en realidad, lo que piensas y lo que sientes, sin esconderte detrás de lo «socialmente aceptable» o de lo que otros esperan de ti.

Para comunicar —a veces— lo que se puede y otras, lo que se debe decir.

Implica tener el valor de actuar y comunicar sin temor al juicio o al rechazo. Es más, implica incluso aceptar ese rechazo, pues no se puede gustar y satisfacer a todos.

Para ello, es imprescindible viajar siempre con tu brújula cerca. Ten siempre presentes TUS VALORES, pues son la base de quién eres.

Para ser verdaderamente auténtico, se necesita la valentía de romper moldes, salir de la zona de confort y asumir riesgos.

Esto a veces puede significar compartir ideas diferentes, cuestionar el *statu quo* o atreverse a mostrarte vulnerable en momentos clave.

En un entorno donde muchos siguen tendencias o tratan de ajustarse a lo que se espera de ellos, estas páginas quieren ser un trampolín.

Ese trampolín que te impulse a destacar como la persona única, extraordinaria y genuina que eres. CRÉETELO. LO ERES.

Ningún comunicador nace, todos se hacen. Hay personas con más talento que otras, pero esta habilidad es innata al ser humano.

La diferencia es cuánto estás dispuesto a trabajarla.

La valentía es esa fuerza interior que te lleva a desafiarte, porque nadie ha llegado al éxito permaneciendo en su zona de confort.

Y, por otro lado, ¿qué es la vida sino una aventura?

¿Para qué estás aquí y ahora, si no es para vivir una VIDA con mayúsculas?

Hoy, con este libro en tus manos, me emociono al pensar lo lejos que puedes llegar si sales ahí fuera a comunicar con autenticidad y autoridad.

Con conocimiento y con control.

Con empatía y creatividad.

Todos tenemos la capacidad de comunicar, pero muy pocos la saben aprovechar.

Sé inteligente, sé valiente, sé auténtico.

El mejor consejo que puedo darte es que te ocupes (no «preocupes», acuérdate de la importancia del lenguaje), que te ocupes de hacer sentir.

Y que mires bonito a tu público. Porque nadie se puede resistir a una mirada bonita y verdadera.

Sí, comunicar es emocionar.

Ten conciencia de tu presencia. Y domina tu cuerpo, puesto que todo comunica.

Ten presente que no puedes comunicar aquello que no tienes, sino aquello que eres.

Todo empieza y acaba siempre con la misma pregunta.

Querido lector: ¿QUIÉN ERES?

Agradecimientos

Hay un corto maravilloso realizado para la Federación Española de Enfermedades Raras (FEDER) titulado *Cuando llegue el día*[53] que explica que todos tenemos un día, una fecha que recordamos especialmente, un momento que nunca se olvida. En su caso, hablan del día en el que llega el diagnóstico de una enfermedad rara, aquella con una frecuencia de aparición menor a 5 casos por 10.000 habitantes y que ciertamente supone un antes y un después.

Sin duda, todos tenemos fechas marcadas en el calendario de nuestra vida, ¿verdad?

Este libro tiene también la suya: 28 de febrero de 2024 y un momento exacto, las 14.02 horas. Entonces aterrizaba en mi bandeja el primer e-mail de mi editor, Oriol Masià. Se oye

53. Lo puedes ver aquí: <https://www.youtube.com/watch?v=6kifOBrbJ_w&ab_channel=Federaci%C3%B3nEspa%C3%B1oladeEnfermedadesRaras%28FEDER%29>.

un grito en el coche y mis padres se giran asustados. No, no es un grito de terror, sino de profunda alegría.

Todos necesitamos compañeros de camino, personas que con su talento y visión, te aconsejen e impulsen con una actitud siempre positiva. Gracias, querido Oriol, por ser una persona vitamina y un facilitador nato. ¡Haces que hasta escribir un libro parezca fácil!

Gracias también a Antonia Dueñas y Raquel Muñoz por ser guardianas de las letras que contienen estas páginas. He aprendido con cada corrección.

Este libro ha contado también con el apoyo especial de una persona a la que quiero y admiro profundamente y que ha sido referencia constante. Profesora y doctora en Filología Inglesa, gracias mamá por mirar con precisión cada palabra. Y por educarme desde el ejemplo en la pasión por la lectura. Ávido lector también es mi padre, una mente ingeniera y meticulosa a quien agradezco sus lecturas y sugerencias acertadas. Sé que estás muy orgulloso, papá.

Hay ojos que lo iluminan todo. Y los tuyos son más que luz, gracias Marcos por tu infinita paciencia, las mil y una lecturas y esas horas cuidando hijos para que pudiera escribir tranquila.

La familia es ese núcleo duro que te sustenta y apoya o así debería serlo. Gracias a cada uno por vuestro amor y cariño, por estar ahí siempre. En especial a mi tres hijos, no hay palabras para definir lo feliz que me hacéis cada día.

La familia también es el mejor entrenamiento para una comunicación efectiva y afectiva y si logramos ser comunicadores conscientes dentro de esas cuatro paredes, es seguro que lo seremos en otros ámbitos. A veces es con los que más queremos, con los que peor comunicamos. ¡Ya sabemos por dónde podemos empezar!

A los amigos, la familia elegida, que sois la chispa de la vida y con los que deseo celebrar esta y muchas más alegrías. En especial, a mi querida «Tamo», Tmadour Al-Hamdan, que ha sido apoyo incondicional para culminar el libro. ¡Qué haría sin ti, amiga!

A mis compañeros de televisión con los que he aprendido la base de una comunic-acción de impacto. Cada uno, sin saberlo, me habéis enseñado con vuestro talento. Gracias en especial a Blanca Liso, Allende González-Lacarra y Miriam Sánchez, que habéis sido compañeras de aventuras, maestras y amigas. Y a mi querida Raquel Díez, por nuestras confidencias y por enseñarme a comunicar también con una imagen impecable.

Hay personas que te inspiran siempre. Y eso es para mí Patricia Ramírez, más conocida como Patri Psicóloga. Gracias, querida, por tu cariño, apoyo y consejos. Me siento afortunada de tenerte cerca y aprender de ti. Uno de sus mejores consejos también puede aplicarse a la comunicación: «nena, no te compliques». ¡Eres genial!

A mi querida «seca» chilena, Macarena Saavedra, colega de profesión y formación, una de esas personas que uno siempre quiere tener cerca por su generosidad, vitalidad y talento. ¡Eres única!

Todos tenemos maestros que nos marcan especialmente. Gracias Fiona Bertrán por abrirme los ojos a la Programación Neurolingüística y enseñar de manera tan inspiradora y maravillosa.

A Matías Varas-Lagos, que fue el primero que confió en mí como mentora. Y a todas las personas que vinieron después y con las que he aprendido tanto. Me habéis hecho sentir profundamente afortunada.

A Noemí Boza y Sarai Beltrán con las que he compartido la alegría de estar a la vez, cada una, escribiendo su libro. ¡Qué bonito compartir etapas y sueños! Muchos éxitos, queridas.

A todas las personas que están al otro lado de la pantalla en las redes sociales, que motivaron el salto hacia esta nueva etapa vital y que me llenan de alegría con sus mensajes y cariño. Ojalá mis consejos en las redes sociales os devuelvan la gratitud que siento porque seáis parte de esta aventura.

Y a ti, querido lector, que con tu mirada das sentido y vida a estas líneas.

¡Te deseo la mejor comunic-acción!

Bibliografía

Briñol, P., R. E. Petty y B. Wagner (2009). «Body Posture Effects on Self-Evaluation: A Self-Validation Approach». *European Journal of Social Psychology*, 39(6),1053-1064.

Duarte, Nancy (2011). «La estructura secreta de las grandes charlas». Disponible en: <https://www.ted.com/talks/nancy_duarte_the_secret_structure_of_great_talks/transcript?subtitle=en&language=es&lng=es&geo=es>.

— (2020). *Resonate: Present Visual Stories that Transform Audiences*. John Wiley & Sons Inc.

Dweck, Carol S. (2016). *Mindset, la actitud del éxito*. Sirio.

Federer, Roger (2024). Discurso de graduación en Dartmouth, Estados Unidos, el 9 de junio de 2024. Disponible en: <https://www.youtube.com/watch?v=pqWUuYTcG-o&ab_channel=Dartmouth>.

Hari, Johann (2022). *Stolen Focus: Why You Can't Pay Attention*. Bloomsbury Publishing.

Heath, Chip y Dan Heath (2010). *Made to Stick: Why Some Ideas Survive and Others Die*. Random House Publishing Group.

Horcajo, Javier (2021). «Comunicación y psicología». En: *Comunicación, influencia y persuasión*. Editorial Sanz y Torres. Disponible en: <https://www.editorialsanzytorres.com/static/pdf/9788418316128Muestra.pdf>.

Lucas E., Stephen (2002). *The Art of Public Speaking*. McGraw-Hill Inc., US.

Mehrabian, Albert (1981). *Mensajes silenciosos: Comunicación implícita de emoción y actitudes*. Belmont, CA: Wadsworth.

Pesci, Joe (1991). Discurso como ganador del Oscar® al Mejor Actor de Reparto por su actuación en *Buenos muchachos* en la 63.ª edición de los Premios de la Academia®. Disponible en: <https://www.youtube.com/watch?v=O0Q_nyjuEak&ab_channel=Oscars>.

Petty, Richard E. y John T. Cacioppo (1986). *Journal of Personality and Social Psychology*, vol. 51(5), 1032-1043. Disponible en: <https://richardepetty.com/wp-content/uploads/2019/01/1986-jpsp-cacioppopettykaorodriguez.pdf>.

Ramprakash, Srinivasan y Aleix M. Martínez (2024). «Cross-Cultural and Cultural-Specific Production and Perception of Facial Expressions of Emotion in the Wild». Disponible en: <https://ieeexplore.ieee.org/document/8580373/citations#citations>.

Rindfleisch, J. Adam (2014). *The Healing Benefits of Humor and Laughter.* [Edición de 2023 revisada por Julia Yates].

Robinson, Ken (2006). «Los colegios matan la creatividad». Disponible en: <https://www.ted.com/talks/sir_ken_robinson_do_schools_kill_creativity?utm_campaign=tedspread&utm_medium=referral&utm_source=tedcomshare>.

Rojas Marcos, Luis (2019). *Somos lo que hablamos. El poder terapéutico de hablar y hablarnos*. Grijalbo.

Rojas Montes, Enrique (2013). *Vive tu vida: La autoestima en las distintas etapas de la vida*. Temas de Hoy.

Sinek, Simon (2014). «Por qué los buenos líderes dan seguridad». Disponible en: <https://www.ted.com/talks/simon_sinek_why_good_leaders_make_you_feel_safe/transcript?subtitle=en&language=es&lng=es&geo=es>.

— (2009). «Cómo los grandes líderes inspiran la acción». Disponible en: <https://www.ted.com/talks/simon_sinek_how_great_leaders_inspire_action/transcript?subtitle=en&language=es&lng=es&geo=es>.

Vallejo, Irene. (2021). Discurso Premio Aragón 2021. Disponible en: <https://www.youtube.com/watch?v=5R9lXF_MLEI&t=2452s&ab_channel=CortesdeArag%C3%B3n>.